gritos
de la infancia

Bárbara Rogers

Traducido por Adriana Miniño

Barabara Press

GRITOS DE LA INFANCIA

atherapeuticjourney.net

Publicado por
Barbara Press

Traducido al español por: Adriana Miniño (adriana@mincor.net)
Título del original en inglés: screams from childhood

ISBN 978-0-9719097-3-1

dedicado a Hannah y Marlene,
mis adoradas nietas,
y a los niños asesinados en el Holocausto

una niña héroe

Dos sueños me animaron a escribir este libro. En el primer sueño, tenía una herida negra y horrenda en mi brazo izquierdo. De ella crecía un tubo transparente de donde se desprendía una pequeña mano. Luego otra mano crecía del otro lado de la herida, y por encima de esas dos manitas, crecía la carita de una niña —en el sueño, era una niña héroe—.

Por medio de mi trabajo de terapia, la herida dolorosa de mi infancia se tornó visible y se le prestó atención. Así surgió una niña valiente: la que siempre quiso ser escuchada sin lograrlo —y la que jamás se atrevió a defenderse—. Mi verdadero Ser Interior y yo la acompañamos y la apoyamos para que escribiera este libro, y hablara sobre su experiencia.

Durante muchos años, estuve paralizada por el miedo de hablar sobre los maltratos y crímenes de mis padres —era como si yo misma estuviera cometiendo un crimen al contar la verdad sobre mi infancia—.

En el segundo sueño, estaba al frente de un tribunal en un juicio público, sabía que no había cometido crimen alguno, sin embargo, me acusaban por mis convicciones.

Mi madre se levanta y declara que mis convicciones están equivocadas, son imposibles y peligrosas a la vez. Yo declaro: "O estás de mi parte —o te vas de aquí—". Furiosa e insultada, se va de la sala. La gente se precipita fuera de la asamblea con ella. Entre las personas, reconozco a mis hermanas y a otros miembros de mi familia. Al final de mi sueño, ya no estoy siendo juzgada. Camino sola en una calle. He ganado mi libertad —en soledad—.

***

Siendo alemana y habiendo nacido en el año 1950, mi vida ha estado marcada por la pregunta de cómo fue que lograron cometerse tantos crímenes abominables por los nazis alemanes. —Es verdad— los factores políticos, históricos, sociales y religiosos contribuyeron a dar auge al régimen fanático y fascista. —Pero— la crianza severa, estricta, a menudo violenta y cruel, también fue un factor importante y a menudo omitido.

Los seres humanos no nacen malos pero pueden ser programados para que actúen con maldad, si se les infringe un tratamiento cruel y despiadado cuando son niños inocentes y desprotegidos. Además de nuestro lenguaje hablado, les enseñamos a nuestros niños un lenguaje conductivo que los forma profundamente y que deja profundas consecuencias. Creo que los métodos de crianza inhumanos crearon una reserva de energía emocional volátil y reprimida, cuyo poder destructivo aprovecharon Hitler y sus seguidores dándole rienda suelta.

Mi libro y estos "gritos" son el resultado de una larga búsqueda y de una dolorosa lucha. Además de escribir en forma de terapia personal, he trabajado durante muchos años con distintos terapeutas y distintas formas de terapia. Me veo como alguien que está en la búsqueda y quien ha explorado su pasado y su subconsciente con profundidad, y quien ahora somete su informe al respecto.

Mi sendero personal me ha guiado a dejar mi familia con la que fui criada, mi primer matrimonio, mi país, mi vida en la clase alta, y la religión de mi juventud. Algunas partes de mi jornada han sido descritas en el ensayo "Facing a Wall of Silence" (Enfrentando un muro de silencio), en el libro "Second Generation Voices", (Voces de la segunda generación), en donde escribí: "Veo mi vida como un ser al servicio de la superación de los silencios, conmigo misma y a mi alrededor."

Con mi libro, deseo ayudar a superar el silencio sobre el sufrimiento infantil y sus consecuencias, debido a un concepto que nos ha sido impuesto, errado y mal usado acerca del perdón hacia los padres. El proceso más difícil para mí, fue creer en mi niña interna abusada y dolida, abrazarla y aprender a estar de su lado para ayudarla a superar sus miedos y sus sentimientos sobrecogedores de impotencia.

Estos “gritos” fueron escritos a lo largo de un período de veinte años. Los veo como pinturas emocionales de los sentimientos infantiles y de la realidad que no podía percibir siendo una niña. Ahora, siendo una mujer madura, le he ofrecido a mi niña mi mente y mi voz para expresarlos. Como las piezas de un rompecabezas componen con el tiempo un cuadro coherente, mi infancia se manifiesta mientras cada “grito” revela conmovedores aspectos de la misma. A través de mis “gritos”, la verdad ha salido a la luz.

contenido

1
una salida

muros

escrito en Chicago, 1982

muros, tan sólo muros —oscuros, impenetrables, amenazantes—
me rodean —ellos han agotado mi fortaleza—
se han erigido frente a mí, inmensos, abruptos, invencibles
ellos se interponen entre los demás y yo
entre mis hijos y yo —entre mi esposo y yo—
entre estar viva y yo
llena de miedo y dolor
me separan de mi libertad y de ser Yo misma
consisten en una larga batalla contra la ansiedad
tan sólo doblegada por el Valium
no he tomado esta droga
durante los tres meses que llevo en terapia
a los treinta y dos años de edad

una tormenta de sentimientos desconocidos se apodera de mí
tengo pulmonía y fiebre alta
también tengo mi primer sueño en la terapia
el primer sueño que puedo recordar en toda mi vida

estoy acurrucada bajo una cobija
en una esquina del sofá de mi terapeuta
cuando tres figuras negras furiosas entran en su oficina
mi terapeuta se levanta y discute con ellos
me sorprende ver cómo se enoja
mi amable, suave y cortés terapeuta
afuera en el corredor escucho muchos, muchos niños gritando
levanto mi cobija y me pongo los zapatos
con el sentimiento de desolación
de tener que salir de esta habitación
—en donde me siento más segura
de lo que jamás me he sentido en mi vida—
para regresar a donde están esos niños que gritan

sola en casa el sueño me llena de temor
la ansiedad, la desesperación y la soledad me aplastan
tan sólo una vez por semana puedo ver al doctor
¿con quién puedo compartir este caos en mi interior?

busco una pluma y una hoja de papel
y escribo
es la primera vez que le pongo un nombre a mis sentimientos
que trato de ponerlos en palabras
de repente ellos se vuelven visibles en el papel al frente mío
pero no entiendo lo que estoy leyendo

el papel es paciente y no teme —escucha—
puedo confiarle mis pensamientos, puedo hacer preguntas
¿por qué hay muros? ¿quién los construyó?
¿cómo puedo derrumbarlos?
¿por qué la vida es una carga tan pesada?
me gustaría poder caminar con más ligereza y confianza
me siento tan cansada de arrastrar
mis piernas pesadas como un plomo

he visto atisbos de lo que hay del otro lado de estos muros
momentos en que me siento viva
veo colores, diversidad, desafíos
y no este enredo de temores, dolor y confusión
mi deseo de llegar al otro lado es tan fuerte y desesperado
pero el otro lado parece tan distante —demasiado distante—
como otro planeta, otro sistema solar
inaccesible para mí

el doctor no teme mis sentimientos
¿podrá ayudarme?
fue un gran acto de valor comenzar la terapia
decir
necesito ayuda
soy la mayor de seis hijos
debo apoyar, mantener y guiar a las personas a mi alrededor

una vez el doctor me dijo:
¿será que no quieres hablar de ti aquí
porque no quieres ser un problema para mí?

rodaron por mis mejillas las primeras lágrimas en terapia
—la fuente de una gran corriente—
mientras contestaba:
no, no podría ser un problema,
siempre he tratado de ser perfecta

el doctor dio la vuelta y me trajo una caja de pañuelos faciales
con una pequeña sonrisa en su rostro serio, me dijo:
esto es para todas las personas perfectas

esa tarde en casa, yacía en la oscuridad de una habitación
escuchaba la música
él había logrado llegar a mi interior
sentí como si estuviera llena de una masa negra
pesada y viscosa como brea pegajosa
el doctor logró que yo la sintiera

el día de hoy, esta sesión, me llenó de esperanza
quiero encontrar la salida

no digas la verdad

mi madre llamó de Alemania para informarme que mi padre
—sumergido en una depresión a sus sesenta y ocho años—
había sido internado en un hospital psiquiátrico para paranoicos

mi madre me prohíbe decírselo a mi hermano
le digo a mi madre que mi hermano debe saberlo
tiene que saber la verdad por boca de su familia
—no de los demás—
se sentirá abandonado y traicionado cuando pregunte
por qué su propia familia ha permanecido en silencio
podría pensar que su familia lo culpa
y podría sentirse culpable —podría sentirse ignorado y aislado—
—aún así mi madre se mantiene inflexible y me pide—
que permanezca en silencio

mi hermano y yo ahora somos muy amigos
desde que los dos salimos de Alemania
por primera vez me siento cercana a alguien de mi familia

mi hermano tuvo una seria discusión con mi padre hace poco
para poder liberarse del yugo destructivo de su padre
sé que mi hermano debe saberlo
sé que él no es responsable de los problemas de mi padre
sé que mi padre ha estado escapándose de él mismo
porque jamás lidió con el pasado de su familia
o el pasado de la guerra
la terapia es un tabú en mi lugar de origen

no puedo cederle el puesto a mi hermano
para el silencio y la traición
al momento de colgar la llamada
llamo a mi hermano —le digo la verdad—

ese día y los días siguientes tuvimos largas conversaciones
mientras tratábamos de aceptar esta noticia
él se siente culpable —trato de convencerlo de que no lo es—
estoy segura de que el pasado de mi padre terminó arrastrándolo

pero ya dejé de obedecer las órdenes de mi madre
la he contradicho con mi acción
ahora estoy metida en un lío
mi ansiedad ha regresado —ha capturado mi mente y mi cuerpo—
también siento responsabilidad por mi hermano
él ha sufrido enormemente
debido a las normas de autoridad de mis padres
mi madre nos reveló que ella había sido especialmente estricta
con mi hermano —su hijo mayor—
para que no saliera como su propio hermano
quien también había sido tratado como este primogénito

yo había actuado en contra de los deseos de mi madre
había seguido la voz de mi conciencia
soy tan distinta a mi madre
un abismo existe entre nosotras
yo siento pasión por la honestidad y la sinceridad
y estoy en contra de esconder la verdad

sin embargo me atormenta lo que puede pensar mi madre
si mi hermano llega a hacerse daño —sería mi culpa—
porque yo le dije la verdad —me reprocho y me declaro culpable—

mientras la ansiedad familiar no me deja dormir
llamo a un terapeuta que conocí por medio de unos amigos
primero le digo que quiero ir porque quiero ayudar a mi hermano
pero eso no me lleva a ninguna parte

finalmente me las arreglé para murmurar: *necesito ayuda*
pero él no tiene tiempo
insisto: *déjeme ir cuando alguien cancele una cita*
lo convenzo —y mi jornada de terapia comienza—

entre muros

me crié en una casa grande rodeada por un inmenso muro
una escalera impresionante conducía a la puerta de entrada
enmarcada por dos grandes columnas
desde ahí yo podía ver el inmenso jardín y la piscina
—para las personas del exterior, yo estaba en un paraíso—

no sabía lo que sucedía ahí afuera
no me permitían salir de ese mundo amurallado
excepto cuando visitaba a mis abuelos, la isla en el verano
o para ir a la escuela —yo tendría unos siete u ocho años—
cuando un chico de mi clase llegó al gran portón
llamó a nuestra casa para jugar conmigo
fui hasta la reja y le abrí —pero tuve que decirle que se fuera—

fascinada por la vida tras los muros
me sentía triste y solitaria por dentro
no lograba entender nada
mi sufrimiento y mi dolor eran apartados de mí
lo tienes todo —una piscina— padres ricos
vives en una casa grande y hermosa con un jardín precioso
¿cómo te atreves a quejarte?
¿cuál es tu problema?

yo no sentía que lo tenía todo —en muy pocas ocasiones—
pasaba tiempo con mis padres
vivía lejos de ellos
en el tercer piso
en un mundo distinto al suyo
en donde las niñeras me cuidaban

mi ira es mi amante

mi ira es mi amante —mi ira sabe la verdad—
mi ira recuerda el incesto que lanzó en picada
a esa chica de dieciséis años en un maremagnum de confusión,
ansiedad y desesperación

tuve que esconder la verdad de mí misma por la niñita
que se sentía segura con un padre que jamás le había pegado
no podía soportar la verdad
para ella su padre significaba cercanía, seguridad
supervivencia y alegría

cuando mi ira comenzó a hablarme sobre el incesto
esta niñita interior hacía que la ira se alejara y de nuevo
esta jovencita lloraba por semanas en terapia *—mi padre me ama—*
mi padre nunca me haría eso
aterrorizada luchaba contra la verdad —ella creía—
que nunca podría sobrevivir a la pérdida
de la imagen de su padre adorado

cuando era una niña, no me enojaba
no era la rebelde de la familia
por el contrario —yo era el orgullo de ella—

pero la ira sobrevivió como un submarino en las profundidades
esperando hasta que fuera seguro salir a la superficie

cuando confié en mí y en mi terapia, estando segura de que
—confrontando la verdad— no sentiría miedo nunca más
creí que debía estar loca para recordar algo tan horrible
mi ira se pronunció claramente: *tu padre fue un irresponsable*
abusó de ti de una manera inimaginable
—cometió el crimen del incesto—

y, estoy segura, otros crímenes que tú no sabes
¿qué hizo durante la guerra?
era capaz de mentirle a todo el mundo
seguía su vida como si nada hubiera sucedido

pero la niña que confiaba y amaba a su padre necesitaba tiempo
para sufrir la pérdida de su ídolo —cada sesión la ayudaba—
con el tiempo mi ira se liberó para ir en busca de la verdad
y se convirtió en mi consejera de oficio

después de escucharla y consolarla pacientemente
la niña puede liberar sus ilusiones
y evolucionar
como una parte atesorada de mi alivio y amor por la vida
ahora puedo enfrentar la verdad
sobre el incesto y otro tipo de abuso infantil

censurada en mi mundo interior y en mi repertorio emocional
mi ira aparece primero como un monstruo negro y gigantesco
que me causó un miedo impresionante
junto a otras identidades que viven en mi interior
—aquellas que trataron de complacer
        y se asieron a las ilusiones—
las que han hecho que funcione el ser humano llamado Bárbara
ellas estaban aterrorizadas de reconocer la realidad

poco a poco mi ira revela la verdad
hasta que puedo vivir con los hechos
me ayuda a enfrentar mi antiguo dolor interno
le da la bienvenida a mi Ser verdadero

mi ira se convierte en mi amante
el que usa ropa colorida y exótica
aquél que desea que sea honesta conmigo misma
y diga mi verdad

este amante me da la fuerza para decir no
y crear barreras

este amante me enseña que nunca fui mala
nunca fui una niña sin valor
nunca fui una niña malvada o indigna

este amante me dice la verdad
de las personas al cuidado de las cuáles estaba la niña
quienes me hirieron por medio de actitudes y acciones perversas
a través de métodos inhumanos de tratamiento infantil

mi amante me apoya
para que me atreva a aventurarme en la vida
y caminar orgullosa y libremente
mi amante me anima para que haga mis sueños realidad

en secreto y en silencio
detrás del telón
jamás en voz alta
este amante ha guiado mi vida de manera sorprendente

los gritos son mi camino de salida

yo no quería tener que pasar
por el horror del miedo y el sufrimiento
las pesadillas de soledad y confusión
en mi interior

la verdad inconsciente continúa su labor destructiva
porque no se suponía que dejara escapar mis gritos

escondidos como un pecado original deshonroso
ellos tenían que permanecer enterrados bajo tierra en mi interior
los horrores de la infancia
pasado de generación en generación

al ir estudiando la noche oscura de mi infancia
he aprendido a ver con veracidad

he llegado a comprender que mis gritos no son crímenes
sino más bien los mensajeros preciosos de un pasado enterrado

los gritos revelan la realidad emocional de mi infancia
me muestran la verdad de una niña impotente
me revelan su dependencia total
pintan, con palabras y sentimientos, la dura prueba de la niña

los gritos se convierten en mi verdad
brindada ésta por la vida y la naturaleza para salvar un alma

expresar mis gritos es la clave para la libertad y la vida
expresar los gritos que nunca vivieron
y nunca se escucharon
se convierte en mi camino de salida

2
no es permitido tener necesidades

"En la crianza ideal alemana, había que matar todo aquello que fuera creativo. Si se salía de la rigidez impuesta o si hacía algo que no reflejara la autoridad paterna o materna, lo desechaban." Aún más, "en Alemania, cuando un bebé de nueve meses todavía usaba pañales, era una catástrofe. Y las madres entre ellas se sentían orgullosas [si era el caso] 'Ja, mi bebé ya no usa pañales.' Era una tradición muy arraigada. Uno no debería menospreciar estos detalles. Estas piedrecillas, me parece, estaban ahí desde entonces para pavimentar el camino para alguien como Hitler." Karma Rauhut

Alison Owings, *Frauen: Mujeres alemanas recuerdan el Tercer Reich*
Frauen: German Women Recall the Third Reich

no es permitido tener necesidades

era un error tener necesidades —prohibidas desde el principio—
el hambre del bebé —controlada por el reloj—
permitida sólo cada cuatro horas —y nunca en la noche—

alzar en los brazos o alimentar un bebé que lloraba
durante la noche o fuera de su horario
era considerado como malcriar al niño y educarlo
para que se convirtiera en un monstruo voluntarioso

los gritos del inocente bebé eran ignorados
con una falta de humanidad inconcebible
como los caprichos de un niño malcriado que debía ser domado

entrenado para no usar pañales —a través de la violencia física—
cuando cumplía un año, el bebé aprendía
a entregar esas cosas indecibles
en el lugar correcto en el momento deseado
el niño se sentaba por tiempos interminables
en una bacinilla amarrada a las barras del corral

la sed estaba declarada como algo malo para los niños
yo no podía pedir algo de tomar
las bebidas sólo se concedían con ciertas comidas
y no eran suficientes

desear comer entre comidas era también un crimen
las incursiones secretas a la despensa
conllevaban castigos severos —si éramos descubiertos—

mis expresiones de amor eran indeseadas
mi madre desechaba —la necesidad de amor y cercanía—
como expresiones del “amor entre primates”

no se me permitía dejar el mundo de mis padres
las lecciones de ballet eran catalogadas como
demasiado amaneradas y afeminadas
mi necesidad de amistades —suprimida
hasta que cumplí diez años—

entonces pude compartir con otros niños
pero no unirme a las niñas exploradoras porque
los demás siempre desean algo de nosotros

la necesidad de mi cuerpo
de desarrollarse libre e independientemente —bloqueada—
la niña tenía que soportar terribles y humillantes enemas
y duchas heladas
la adolescente fue examinada en su parte íntima
luego mi madre y el pediátra decidieron
que me sucedía algo malo —y debía enjuagar mi vagina—
con agua violeta —sentada en un envase de plástico—
para empezar mi menstruación que hubiera comenzado
"demasiado lenta" y *"demasiado tarde"*

mi necesidad de amar mi cuerpo —exorcizada—
mi madre levantaba la cobija cuando yo era adolescente
para comprobar que mis manos no estaban tocando
esa parte sucia y asquerosa de mi cuerpo

mi necesidad y mi derecho de un despertar sexual —convertido—
en una pesadilla de culpa y reproche
mi necesidad de amor —pervertida por el incesto—

sentimientos, pensamientos, preguntas
que provenían de una niña
eran considerados estúpidos y despreciables
la necesidad de expresarlos —condenada—

mi propia voz —silenciada—
erradicada por la intolerancia y una censura dictatorial

mi necesidad de auto-expresión —extinguida—
por el sarcasmo y el menosprecio

mi necesidad de honestidad, sinceridad y verdad —demolida—
tras muros de mentiras y silencio —era profundamente traicionada—
y llegó a desvirtuarse hasta llegar a decirle a los demás
lo que deseaban escuchar

mi necesidad profunda de integridad —llegó a ser atrofiada—
me convirtieron en una seguidora obediente
una sonriente aparente
—en un "sí señor" amable— que no osaba pensar libremente
o decir lo que pensaba en mi interior verdaderamente

mi necesidad de reconocimiento y respeto —pervertida—
en la coerción de tener que brillar
tener que impresionar a los demás con cosas triviales
mientras que el amor, la creatividad
y el florecimiento de mi verdadero Ser
eran rechazados con desdeño

mi necesidad de justicia —suprimida por un sistema—
donde la ley estaba del lado de mis padres
—y siempre en mi contra—
no tenía testigos —ni abogados de mi lado—

mi necesidad de sentirme segura —tergiversada—
para dejar que los demás me hirieran
resignada a aceptar la crueldad como —mi problema—
como el resultado de —mi maldad—
de —mi culpa—

mi necesidad de piedad y compasión —extinguida—
bajo el peso del reproche y castigo
mientras que mis padres exigían —y les eran concedidos—
el perdón y la comprensión incondicionales

la niña —que deambulaba en un laberinto sin salida—

deseaba saber
¿qué hiciste durante la guerra, padre?
pero la necesidad de hacer preguntas también era silenciada

mi necesidad de la verdad —descrita como infantil y presuntuosa—
mi necesidad de experimentar y expresar mi verdad —entumecida—
por juicios, castigos y palizas —más tarde por tranquilizantes—

---

necesidades —combatidas y batalladas desde el principio—
llegaron a convertirse en demonios irreconocibles
que acechaban en la oscuridad
llenando mi cuerpo de vergüenza y miedo cuando trataban
de salir a la superficie

a aquellos a quienes no les fueron honradas sus necesidades
les dedico mis gritos de la infancia

si haces algo por ti misma

le escribí a una de mis hermanas para contarle
que estaba en terapia
ella me respondió con una carta
en donde me quedó marcada la frase
que decía que la terapia era *"elitista y antisocial"*

al leer esas palabras me sobrecoge la ansiedad
no logro alejarla y es tan fuerte que me atrevo
a llamar a mi terapeuta

mi ansiedad desaparece al momento en que él dice
tu familia está en tu contra
cada vez que quieres hacer algo por ti misma

me parece absolutamente inimaginable
—que haya sitios en este mundo—
    —en donde no sea juzgada como egoísta e impropia—
    si deseo dejar los tranquilizantes
    trato de comunicarme con mi alma
    trato de cambiar el miedo que me domina
    trato de ayudar a la agonía de mi mente
    si ansío reclamar mi voz y mi vida

una verdad poderosa me invade
hay seres humanos que llevan una vida distinta a la de mi familia
ellos ven sus verdaderos Seres
como confiados
a nosotros mismos
para ser amados
recibir cariño
y que se nos permita vivir y brillar

ellos ven nuestro verdadero Ser como un don precioso
que nos confía la vida
consideran que cuidarla es nuestra responsabilidad
y nuestra labor esencial en la vida

termino esta llamada sintiéndome conmocionada y en paz
mi vida ha cambiado para siempre

3
Hotto, regalo trágico de vida

Hotto

escrito en 2001

estoy en el trencito camino al puerto de la isla
en donde solía pasar los veranos de mi infancia
tengo cuarenta y un años
durante unos cuantos días visité a la niñera de mi infancia
que había vivido en esta isla por muchos años
ella llegó a mi vida cuando yo tenía una año —se fue
cuando tenía siete años— durante seis años vivió conmigo

termino mi visita y dejo la isla —me quedo de pie
en la pequeña plataforma al exterior del compartimiento del tren—
mientras el tren silba en el puerto al pasar por su casa
ella esta afuera, con su esposo y su hijo a su lado
me buscan —se despiden con las manos—
también yo me despido —estoy tan feliz de verla una vez más—

de repente —desde el fondo de mi alma—
desde una profundidad desconocida de mi ser
emerge un grito tremendo —y toma su lugar en el mundo—
sorprendiéndome y asfixiándome
"HOTTO" —grito tan fuerte como puedo— ***"HOTTO"***

la niña con todo su amor y sus ansias y su dolor escondido
me muestra la importancia esencial de una relación
que salva vidas
y de su pérdida trágica para mi vida

al recordar mi grito de Hotto en el tren
—ese precioso momento de comunicación con mi alma—
y escribirlo hoy —diez años más tarde—
mis lágrimas regresan mientras escribo su nombre —HOTTO—
aún estoy llorando su partida

nunca jamás

durante años sufrí cuando viajaba
siempre justo antes o el mismo día de mi viaje
me sentía enferma —y a menudo también durante el mismo—

los días precedentes a mi partida —se llenaban—
de una tensión y una inquietud insoportables
de aprehensión y miedos por partir y alejarme
me ponía ansiosa, agitada, irascible, hasta desesperada,
era demasiado terrible para mí
separarme de las personas o de los lugares

estoy a punto de salir
en mi primer viaje desde que comencé mi terapia
llego a mi última sesión la víspera de mi partida
llena de ansiedad todo lo que logro decir es: *me siento terrible*
        estoy llena de miedos
        siento como si hubiera perdido mi centro
mi terapeuta me dice: *tu padre solía viajar mucho*
        era duro para ti cuando él partía
        así te sentías cuando niña
le respondo: *pero yo llevaba mi propia vida*
        cuando era adolescente
        y entonces mi padre ya no era importante para mí
el doctor responde: *tu padre significaba la vida para ti*

al escuchar estas palabras
estallo en lágrimas y lloro por mucho tiempo
como jamás he llorado en mi vida
al salir de su oficina me doy cuenta de que
mi centro ha regresado

en la primera noche siguiente al viaje
tengo una pesadilla que me despierta sumida en el terror

en la cocina de la casa en que viví en Alemania
había puesto a mi madre en una bolsa de basura
—luego en un compactador de basura—
al final del sueño me siento en la banca de la cocina
y observo esta bolsa de basura al frente mío que contiene
a mi madre comprimida —y no sé qué hacer con ella—

la primera vez que sueño con mi madre me llena de horror

durante este viaje me enfermo de una fuerte infección en el oído
mi cerebro está obsesionado por el miedo y la preocupación
¿lograré regresar a tiempo para mi próxima sesión?

cuando finalmente regreso
estoy tan enojada y molesta que no puedo hablar
mi terapeuta dice: *así es como se siente un niño*
cuando es abandonado
¿cómo reaccionaban tus hijos cuando partías?

recuerdo con qué frecuencia mis hijos lloraban
cuando yo regresaba así fuera sólo unas pocas horas
y la niñera decía: *estuvieron bien hasta ahora*

recuerdo con arrepentimiento, dolor e ira esos tres días
cuando mi hijo mayor tuvo que quedarse
en un hospital en Alemania tan sólo
tenía dos años de edad —no me permitían visitarlo—
cuando me vio de nuevo se alejó de mí

aquí en el sofá del doctor, todos estos años más tarde
comprendo la reacción de mi hijo
al igual que yo siento el dolor de la niña a través
de las separaciones devastadoras

---

en mi terapia y en mi vida
cada separación, cada pérdida de una relación
me recordaban cuando Hotto me dejó

con un dolor en extremo agudo
como un grave trauma de mi niñez

la niña sigue esperando a Hotto —llena de incredulidad—
en silencio, horrorizada y petrificada
sus ojos todavía observan cómo Hotto se aleja y desaparece
esta mujer madura en la que me estoy convirtiendo
puede consolar la niña
entenderla y soportar sus gritos

---

para evitar ser herida de igual manera
de nuevo la niña hace dos votos
—nunca más dejaría que nadie se acercara a ella—
—y nunca más confiaría en el sentimiento del amor—

las niñas de Hotto

escrito en 1987

de regreso en Alemania vivo de nuevo en mi pueblo natal
a tan sólo unos minutos de mis padres —rodeada de relaciones—
que me han hecho infeliz durante mucho tiempo

cuando puedo tomar la decisión de alejarme sueño
que subo las escaleras de la gran casa en donde me crié
con mis padres y mis niñeras, mis hermanos y hermanas
hasta que me casé
cuando llego al segundo piso voy a la habitación de Hotto
no recuerdo como lucía su habitación
pero este sueño me la muestra y la reconozco con claridad

cuando entro en la habitación veo
la cama antigua de madera de Hotto
veo a Hotto de pie al lado de la cama
le pregunto: *¿Hotto, en dónde están las niñas?*
Hotto me señala la cama —en donde descubro dos niñas—

a una de ellas la conozco muy bien
ya que la he conocido toda su vida
es la Bárbara buena que hace todo bien y correcto
ella era exactamente como todo el mundo quería que fuera
pero la otra niña a su lado —es una niña que yo jamás—
había visto antes ni advertido su presencia
es la Bárbara viva —real— con deseos, sentimientos, necesidades
pensamientos y sueños propios
ella me estira sus brazos y me abraza
con pasión, con devoción, por un largo tiempo
profundos sentimientos de gratitud emanan de ella

me levanto profundamente conmovida

los recuerdos de Hotto

durante mi visita a la isla
Hotto me enseña una foto en blanco y negro de mi hermana y yo
tendríamos unos dos y tres años
me siento emocionada —que lindas nos vemos—
pero asombrada de vernos con vestidos hermosos
recuerdo que mi madre se oponía a todo lo que fuera bonito
como si fuera ropa frívola, superflua, innecesaria
Hotto me dice que ella le suplicó a mi madre por meses
que le diera dinero para comprar la tela para estos vestidos
que la misma Hotto había cosido para nosotras

Hotto me dice cómo nos conocimos: *tus padres en esa época*
vivían en el piso alto de la casa de tus abuelos
mi habitación era una pequeña buhardilla en un inconcluso ático
inmenso y oscuro
si no hubiera tenido tanto miedo a la oscuridad
me hubiera escapado la primera noche

fui inspeccionada por completo; justo durante las primeras horas
en que se suponía que te alimentara
tres adultos —tu madre, padre
y la enfermera que estaba a cargo de tu hermanita recién nacida—
observaban hechizados cómo me mirabas
radiante de luz —me aceptaste espontáneamente—
tú marcaste la diferencia —y me quedé—

entonces no sabías caminar sola
lo lograste por vez primera en mi cumpleaños en junio
razón por la cual lo recuerdo con tanta claridad

---

el papá de Hotto trabajaba en una mina de carbón
ellos vivían del otro lado del pueblo

cuando Hotto fue a ver a sus padres en su fin de semana
de asueto —les describió la familia tan rica con la que vivía—
las comidas que le daban y le dijo a sus padres que:
nosotros comíamos mejor que ellos

---

nacidas a intervalos de un año las tres hermanas
compartíamos una habitación
nos apartaron nuestras camas demasiado temprano

mi hermana recuerda con claridad sobrecogedora
las escenas horribles de nuestra infancia
recuerda cuando estábamos acostadas en la oscuridad
y no nos dejaban encender la luz, leer, ni hablar
yo les contaba cuentos para aliviar nuestra soledad
—pero si Hotto nos escuchaba—
venía a darnos una paliza a las tres con un gancho de ropa

mi hermana relata: *Hotto siempre te pegaba a ti primero*
luego a la hermana menor —y luego venía hacia mí—
pero yo le rogaba: ***por favor, por favor, Hotto***
¡NO LO HAGAS! *—y entonces Hotto sólo me pegaba una vez—*

tú te quedabas ahí en la oscuridad —lloriqueando—
siempre tenías la tendencia
a armar un alboroto por cualquier cosa
dice con desdén mi hermana su último comentario sobre mí

Hotto me dice cómo fue que partió: *por mucho tiempo*
había estado contemplando la idea de convertirme en partera
pero los costos de la colegiatura
estaban lejos de mi alcance y de mis padres
finalmente era el momento —les dí la noticia con un año de aviso—
tu padre comenzó a hacerme la vida más difícil
a partir de ese momento
tan sólo me hablaba de manera oficial y me reprochaba, diciendo
que yo actuaba de manera irresponsable hacia ustedes cinco

tal vez estaba en lo cierto
—hasta ese momento en realidad ustedes eran mis hijos—
pero también quería convertir mis sueños en realidad
no me pareció que tú y tus hermanos y hermanas
cambiaran conmigo

pero ustedes nunca más me hablaron de nada
—mientras que antes yo me enteraba de todo—

---

cuando tenía diez años Hotto regresó
a quedarse con nosotros por otros dos años
para ayudarnos cuando nació mi hermano menor
años más tarde
—yo ya era madre pero todavía no estaba en terapia—
me contó sobre su regreso, el cual yo había olvidado
me dijo: *cuando regresé, tú ya no eras "mi" niña*
le contesté espontáneamente:
—tal vez estaba enojada contigo por haberme abandonado—

---

el verano después de comenzar mi terapia
visito a mis padres en la isla
llamo a Hotto a quien no había visto en años
y cuyo recuerdo me había salido a flote en la terapia

mientras hablo con Hotto en el teléfono noto la expresión
en el rostro de mi madre al frente mío
amargada, ofendida, enojada —su fuerte resentimiento
por haber llamado a Hotto llena la habitación—
su expresión lo dice, sin palabras :*¿cómo puedes hacerme esto?*
Hotto escucha mi voz y me dice con cariño:
¿qué te sucede Bárbara? suenas triste

en ese momento capto el enredo traicionero de las relaciones
entre yo —mi madre— Hotto —y mi padre—
había envidia y resentimiento —amargura y posesión—
al lado de un cuadro que como niña, yo consideraba amor

dejando a Hotto

escrito en 2001

un sueño sorprendente me despierta

en el sueño estoy con una niña que luce
igual a como yo lucía de niña
con el mismo pelo oscuro y el estilo de paje
las dos habíamos salido en una aventura
y habíamos regresado a casa
antes de que la niña se fuera a la cama
le había pedido que me ayudara con un proyecto
y la estaba esperando en un cuarto de computadoras
las escaleras nos llevaban a un cuarto poco usual
primero en una plataforma espaciosa
luego una parte temible caía abruptamente en pendiente
en un agujero rectangular, sobrecogedor —allá abajo—
las partes de una computadora tenían que colocarse
en sus sitios correctos

al mirar hacia abajo me doy cuenta
que no puedo enviar a la niña a este abismo aterrador
tengo que ir yo misma para colocar las piezas
y me quedo de pie en la plataforma superior y espero a la niña
eventualmente es obvio
que la puerta permanece cerrad a —ella no viene—
entonces abro la puerta y salgo de la habitación
afuera veo a Hotto
ella me dice que la niña no puede venir a encontrarse conmigo
porque tiene que ir a la cama y dormir
le respondo que habíamos quedado con la niña
en que ella iba a traer las piezas que necesitábamos
y ayudarme antes de que se durmiera

Hotto y yo estamos de pie ante la puerta abierta

nos enfrentamos con nuestras miradas y nuestras voluntades
lo que importa no es lo que la niña hace
sino a quién le pertenece —quién tiene el poder sobre ella—

es el momento clave en mi sueño
Hotto quiere que la niña se duerma —yo quiero que ella viva—
la niña ha obedecido a Hotto y se ha marchado
está de pie al final de un largo corredor, muy lejos de mí

gano la discusión con mis ojos
a través de la manera en que miro a Hotto
gano con mis palabras y con el tono de mi voz
gano a través de la paciencia y la persistencia
reclamo la niña de Hotto
se convierte en mi niña y viene hacia mí
de ahora en adelante trabajaremos juntas

al despertarme recuerdo sobre todo
cómo me miraba la niña al final del sueño
cuando me traía las piezas
su mirada inolvidable decía: *¿por fin soy tu niña?*
¿de verdad estás ahora ahí para mí? ¿de veras te pertenezco?
la expresión de su rostro dice que está lista para estar conmigo
expresa un presentimiento solemne y emocionado

este sueño es seguido por los meses más difíciles de mi terapia
a la merced de una ansiedad insoportable casi no puedo dormir
noche tras noche escribo
semana tras semana trabajo duro en la terapia
entro en una noche larga y oscura del alma
clínicamente llamada depresión
mientras la niña revela lo peligrosamente que fue atacada
por su propia madre siendo una niñita

por varios días siento que voy a enloquecer
mientras la niña revela
cómo casi fue asesinada cuando era pequeñita
por su propia madre

debo experimentar su trauma más devastador
a muy temprana edad
y sus aterrorizantes consecuencias para mi mente
para reconocerlas y superarlas emocionalmente

mi voz, mis gritos fueron silenciados con una fuerza brutal
estaba en peligro mortal —presionada en un miedo mortal—
mi madre trata de matarme

¿cómo es posible que esta niña se sobreponga a esta realidad?
hay un sentimiento constante de un dolor profundo
que conozco demasiado bien
asciende varias veces sube y baja sube y baja
desde mi pecho asciende hasta mi garganta
de vez en cuando regresa —mi cuerpo recuerda—

el toque de mi masajista me ha calmado por años
en su camilla he derramado lágrimas
y he compartido heridas emocionales
en su camilla la niña se atreve a comunicar
su trauma más grande

un día durante la noche oscura del alma el pánico me abruma
mientras sus manos se mueven por mi cuerpo
y me persigue el pensamiento obsesivo
estoy en peligro mortal —ella me va a matar—

temiendo decirle a mi masajista lo que galopa por mi mente
permanezco en silencio
creyendo llena de ansiedad que ella dirá que estoy loca
salgo a tientas de su oficina —y por primera vez en años—
tomo un tranquilizante para calmar mi cuerpo
que tiembla de miedo

la siguiente semana puedo compartir con ella mi experiencia
ella responde: *sucede con frecuencia*
cuando toco a las personas por primera vez

que las memorias traumáticas de la niñez regresan
le pregunto: *¿qué hace la gente cuando no están en terapia?*
toman drogas: es su respuesta

afortunadamente estoy en terapia y mi mente adulta
—con la ayuda de mis terapeutas y de mi mejor amiga—
me ayudan a sobrevivir lo inimaginable
la verdad insoportable
mi madre me silenció al atacarme
mi madre casi me mata

durante las siguientes semanas lucho y toso cuando hablo
mientras regresa mi voz sofocada

he llegado hasta la niña aterrorizada
que ha estado congelada
por un miedo mortal durante cincuenta años
debido a que su vida fue amenazada por su propia madre

ahora comienzo a hablar con mi propia voz
he renacido

4
creando conexiones
—gritos de libertad, alegría y amor—

cuando siento

cuando
siento
que puedo ser
Yo misma

cuando siento
que puedo ser
yo,
Bárbara

cuando siento
yo soy

cuando siento
yo soy Yo misma
puedo ser Yo misma
sé que estoy viva

cuando siento
la vida corre a través de mí
la luz brilla en mi alma
y me conecto con la vida y con las personas a mi alrededor

cuando me siento
soy yo

Bárbara

resucitando a Bárbara

he estado en terapia por dieciocho meses
cuando tengo que salir de Chicago, el mundo amado y atesorado
donde logro disfrutar mi vida
he llegado a comprometerme con la vida
como músico de cámara activa
involucrada en la escuela de mis hijos
tomando una clase en la universidad
haciendo verdaderos amigos por primera vez en mi vida

mi primer esposo ha presionado para lograr
lo que él tanto deseaba
pero que yo tanto temía —nuestro regreso a Alemania—

al final de esos dieciocho meses de terapia sueño que

> **estoy sentada en el sofá del doctor**
> **al frente mío hay una tumba que ha estado abierta**
> **veo un cuerpo ahí —envuelto en vendas blancas—**
> **parece una momia**
>
> **sollozando y llorando**
> **sobrecogida por la compasión y la más grande ternura**
> **me sumerjo en la tumba**
> **para abrazar y cargar**
> **el cadáver que está enterrado en esa tumba**

Bárbara había estado enterrada —por demasiados años—
hasta que descubro su tumba con la ayuda del doctor

he resucitado a la Bárbara
que nadie quería que existiera
la Bárbara viva con sentimientos, pensamientos, necesidades
sueños y deseos propios

dos abuelos ofrecen seguridad

justo después de dejar mi primer matrimonio sueño que

me he escapado
de una fortaleza asegurada fuerte y ferozmente
por enormes muros y alambre de púas
protegida por perros agresivos y temibles
al escapar de ese lugar espantoso
mis hijos estaban conmigo
los pongo a salvo a ellos y a mí
al llevarlos adonde los dos abuelos que amo
—el padre de mi madre y la madre de mi padre—

---

las visitas a nuestra abuela paterna eran
un toque de luz en nuestra infancia
cuando éramos niños luchábamos con fiereza
sobre cuándo nos tocaba el turno

amaba su apartamento a la antigua que todavía puedo ver y oler
ella tenía un pájaro musical en una jaula dorada
yo disfrutaba escucharlo cantar
—y recuerdo la melodía que silbaba—

mi abuela tenía tiempo y paciencia, amaba la compañía
me dejaba ver televisión y comer chocolates con ella
también jugábamos juntas o conversábamos
lo más maravilloso —permitirnos quedar para la cena—
recuerdo los soportes de plata para los cuchillos
que decoraban su mesa elegante
puedo probar el delicioso pan negro y los huevos duros hervidos
me encantaba la comida
bien preparada y deliciosa que me servía
me sentía especial y bienvenida
pasaba momentos de paz con ella —lejos del caos y del ruido—

una vez le pregunté cuáles eran sus nombres
que me parecían tan anticuados
que me hacía reír
me los aprendí y los recuerdo hasta el día de hoy
Friederike, Therese, Emma, Wilhelmine
e Irma —el nombre que compartimos—

recuerdo a mi abuelo materno como un hombre amable y gentil
tenía tiempo para mí —me tomaba seriamente—
disfrutaba mis visitas
cuando yo era adolescente teníamos conversaciones reales
y yo tocaba el piano para él
él no me exhibía sino que me escuchaba
deleitado ante mis progresos
asombrado de que yo adorara a Bach

puedo ver la silla donde solía sentarse
a menudo con una frazada peluda café
sobre sus delgadas piernas
sus manos, curvadas por la edad, reposaban sobre su regazo
ya no podía tocar el piano

tengo una nota de mi abuelo que atesoro
se la escribió a mi madre mientras visité Inglaterra
siendo una adolescente

las cartas de tu hija desde Inglaterra han sido escritas
con el estilo de las grandes damas del siglo dieciocho
ella es en verdad una escritora con talento

me trae una sonrisa a mi rostro cuando la leo

me siento muy cerca de estos dos abuelos
no puedo recordarlos siquiera enojados o impacientes conmigo

en la isla

la isla significaba el paraíso para mí —el paraíso de verano—
la isla me traía la luz de la libertad y la conexión

mi vida comenzó a guiarse por la ansiedad y la búsqueda
de traer de nuevo la magia de la isla
para convertirla en realidad en mi vida

pasé todos los veranos en la isla con mi familia
mi abuelo compró la casa como un lugar de retiro para el verano
la isla parecía cambiar a todo el mundo
—hacía que surgieran las diferentes identidades—
—parecía un mundo mágico que transformaba a mis padres—
en seres más libres
con menos cargas y que imponían menos reglas

la vida se volvía mucho menos complicada —menos aislada—
parecíamos vivir más como las otras familias

libre de hacer todo lo que quisiera, tenía el poder sobre mi vida
—era el sentimiento más grandioso—
recuerdo dos reglas
tenía que estar en casa a la hora de las comidas
y cuando mi padre deseaba
hacer una excursión en familia en el bote
teníamos que estar con ellos
pero el resto del tiempo podía pasarlo
donde quisiera y cómo quisiera

la isla me dio la oportunidad de estar sola
cuánto tiempo pasé en la isla en soledad
ahí podía alejarme del encierro insoportable de la casa
del ruido —la tensión— las órdenes —las expectativas—

amaba los libros —y a veces leía en la habitación de mi padre—
—llena de memorias que había coleccionado
de todas partes del mundo—
ahí escuchaba a Chopin y leía mi novela de amor favorita

cuánto me gustaba ir a la cima de las dunas
en donde podía divisar hacia abajo la playa y sentarme por horas
a leer —y a mirar y a escuchar el mar que adoraba—
cuando era adolescente tenía mi pequeña habitación privada
en el extremo de la casa —justo al lado del establo—
me levantaba temprano en la mañana
ensillaba el caballo de mi madre e íbamos hasta la playa
en donde galopaba y me sentía libre

amaba el bote, el cual mi madre evitaba
yo disfrutaba dormir y viajar en el bote
recuerdo el olor del diesel —la humedad de las sábanas—
tengo un cuadro interno vivo y cálido del bote
y de mi habitación en la isla

en la isla podía trabajar
escarbando semillas entre los ladrillos y barriendo las calles
ganaba un poco de dinero y podía comprar algo que deseaba
me sentía poderosa
como adolescente había ahorrado la mitad del dinero
para comprar la bicicleta de mis sueños
—mis padres pusieron la otra mitad—
compré una belleza —pintada en azul claro—
yo era su orgullosa propietaria y andaba en ella por todas partes

la isla representaba tener vecinos
me sentía libre para conocer y jugar con otros niños
al frente de la calle vivía Jan con sus padres
sus invitados de verano eran montones de chicos
en la tarde yo jugaba fútbol con ellos —en la pradera
detrás de nuestra casa— los postes de tender la ropa
eran nuestras porterías
pasé algún tiempo en la playa con otros niños jugando

la vida era incomparablemente distinta en la isla
del pueblo industrial en donde pasaba el resto del año
rodeada y visitada por muchas personas
—la mayoría de ellos parecían relacionados con nosotros—
allí me sentía aislada y separada del mundo a mi alrededor
solitaria y abandonada entre mis propios familiares

siempre me sentí como una extraña en mi familia

Jan

Jan deseaba ser cantante
estudió canto en una gran ciudad
y regresó a su hogar, la isla, para el verano
enseñaba tenis y era salvavidas en la playa
mi padre era un jugador de tenis apasionado
y amaba los deportes —por eso tuve que tomar lecciones de tenis—
Jan se convirtió en mi maestro

me permitían ir a su casa a practicar el piano
yo siempre era bien recibida —podía entrenar en la casa y tocar—
algunas veces Jan escuchaba o hasta tocaba conmigo
yo lo acompañaba mientras él cantaba
me encantaba escucharlo cantar
su compañía me hacía sentir profundamente feliz

veo su rostro vivo y gentil, con una expresión cálida y alegre
sus cálidos ojos azules centelleaban brillantes ante mí
nunca lo sentí enojado o distante

yo tenía doce años cuando comenzamos a escribirnos cartas durante
el tiempo
que estábamos separados de la isla
cuánto atesoraba esas cartas —esta relación—
—él era catorce años mayor que yo—
estaba fascinada
por su interés en mí

recuerdo estar de pie al frente de él en el bote de mi padre
en una tormenta feroz
pero me sentía segura y confiada a su lado
mientras las olas nos golpeaban y golpeaban el bote
hasta que se decidió que era hora de dar la vuelta y regresar

dicha indescriptible —era la dicha de estar con Jan— a su lado
la dicha de practicar música con Jan
de recibir cartas de Jan —de escribirle—
la dicha de encontrarme con él
—en secreto— en la playa al atardecer
la dicha de caminar con él por las dunas
de llevar nuestras bicicletas —mientras nuestras manos
se tocaban y se asían—
la dicha de montar mi bicicleta —y de repente sentir
su brazo alrededor de mí—
la dicha de tenerlo a mi lado

la dicha cuando un día durante una lección de tenis
escuchamos a un perro llorar en la distancia
y yo dije: *escucha, es tu perro*
lo buscamos en las dunas y lo encontramos
atrapado en una trampa —y Jan lo liberó—

la dicha cuando nuestros ojos se encontraban al llegar a la playa
donde la luz y la gloria del verano danzaban
y brillaban en el agua
y ansiaba que él se reuniera conmigo en el agua
en donde disfrutábamos de la compañía mutua
o saltábamos sobre las grandes olas del tempestuoso océano

la dicha cuando nuestros ojos se encontraban
cuando él salía de su casa al frente de la nuestra
en la tarde en su bicicleta
siempre podía encontrar la forma de encontrarme con él
sin que nadie supiera o advirtiera en donde estaba
porque tenía que escaparme de mis hermanos o hermanas
que querían unírseme en el paseo

la dicha del primer beso que recibí cuando tenía catorce años
la dicha de por fin ser capaz de abrazar a otro ser humano
la dicha de que mi compañía fuera disfrutada y apreciada
la dicha de hacer tantas cosas con él
la dicha de ser reconocida por lo que yo era

la dicha de los momentos celestiales que vivimos juntos
la última noche de ese inolvidable verano en que me besó
recuerdo estar sentada en su regazo mientras pasaba mis manos
por su cabello rubio oscuro, una y otra vez
mirándolo, desbordada por el amor y la dicha
deleitada de estar viva

la dicha de tener un apodo —Herzchen— mi corazoncito
la dicha de esas pequeñas notas
que él escondía después de ese verano
en el estuche de los sobres —para que mi madre
no las encontrara—
notas donde él me escribía palabras de amor —y mi apodo—
la dicha de leerlas una y otra vez
la dicha de Jan

sé que no sería lo que soy
sin su poderosa presencia en mi vida

treinta años más tarde encuentro un hombre
que me ama y me aprecia
las memorias de Jan y la isla regresan de manera abrumadora
al comienzo de nuestra relación

cuánto me recuerda él —mi época con Jan—

pero esta vez
estaba decidida a llegar al otro lado del muro
en donde nadie más podría jamás
despojarme de la dicha de amar

mi capitán

cuando te conocí tenía cuarenta y cinco años
había dejado atrás todas mis ataduras
—no estaba saliendo con nadie—
ya no estaba interesada en los hombres

había colocado mi trípode y mi cámara en un club de jazz
te sentaste al frente mío —y te giraste hacía mí para hablarme—
todavía puedo oír tu risa maravillosa y cálida
que escuché entonces por primera vez —la risa que tanto amo—
recuerdo lo que hablamos

cuando reuní todas mis cosas en la mesita al frente mío
encontré tu tarjeta —me la llevé a casa— la imagen del avión
despegando contra un atardecer —me había conmovido—
lo pensé durante tres días
mi cuerpo y mi alma hablaban con claridad —ellos ansiaban
la cercanía y los abrazos—
—entonces te llamé— y nos encontramos

te veo al frente de la mesa en donde cenamos
—con tu chaqueta negra de cuero—
—con tu manera de ser sincera y conversando—
esa noche sueño que mi auto conduce hacia lo alto
—de una montaña con una pendiente terrible—
tan sólo para quedarme atascada arriba
en una situación muy peligrosa y aterrorizante
que resultó ser terriblemente cierta
al enamorarme apasionadamente, atraje un pasado enterrado
que había moldeado mis miedos al amor y a la vida

a través de mucha confusión y de un arduo trabajo emocional
te quedaste conmigo
permaneciste a mi lado

nunca renunciaste a mí
siempre creíste en mi
me ayudaste a recuperar mi vida
me animaste a enfrentar el incesto y a viajar en la nave
querías que yo me liberara y recuperara mi poder
tocaste mi alma profundamente
te convertiste en un verdadero compañero
me animaste a dejar un camino terapéutico sin salida,
a que confiara en diferentes formas de terapia
y en mi propio Ser

el amor nos conectó desde el comienzo
nos guió lejos de los valles profundos
el amor nos permitió sanarnos del dolor acumulado en ambos

me ofreciste el don de volver a vivir sexualmente —pero—
esto trajo de nuevo la memoria del incesto
y horas oscuras para mí
los dos luchamos
—sin tu apoyo mi sanación y esta jornada—
no hubieran sido posibles

los recuerdos que tengo contigo son indescriptibles
tan hermosos e inolvidables
aun los momentos dolorosos y las épocas difíciles
tan solo profundizaban nuestro amor
reforzaban nuestro sendero juntos
nuestra comprensión y compasión mutua
sin importar lo que sucediera
tus brazos siempre me acogían y me abrazaban

cuán amada me sentí en nuestra primera noche
cuando mi cuerpo no podía responder
sin embargo, me acogiste en tus brazos toda la noche
para decirme una y otra vez cuánto amabas mi mente
cuán apreciada me sentí —qué regalo tan grande me ofreciste—

cuán amada me sentí
cuando tus brazos se abrieron
y me rodearon cuando nos vimos de nuevo
después de que terminé nuestra relación por un tiempo

cuán apreciada y amada me sentí cuando me dijiste
que sentiste que me hacías el amor al hablarme
—habíamos yacido en tu cama desnudos por horas—
en una día cálido de verano
—ese día yo no pude hacer el amor—

cuán amada me sentí en tus brazos
cuando te conté sobre mi accidente del auto —escuchaste—
y expresaste una tierna compasión
hacia ese episodio trágico de mi vida

cuán apoyada me sentí cuando me abrazaste y me consolaste
me dijiste las palabras correctas
mientras que yo sollozando y enojada
recordaba —mientras hacíamos el amor—
con gran dolor y vergüenza
que mi cuerpo hubiera sido capaz
de sentir un orgasmo durante el incesto

cuán viva y amada me sentí durante tu primera visita a mi casa
me diste el poder de decidir lo que haríamos juntos ese día
cada vez que yo me preguntaba
qué me gustaría que hiciéramos juntos —sonreía—
yo tocaba un ejercicio de Chopin en la bemol mayor para ti
luego te pedí que leyeras
lo que yo había escrito sobre el Holocausto
pensando *—si no le gusta cómo pienso— se irá pronto*
—pero te quedaste y me dejaste que te llevara a cenar—

fue un día maravilloso —desde el principio—
hemos compartido los sueños que soñábamos durante la noche

fuiste paciente y comprensivo con una mujer
que temía abrir su alma y su cuerpo —cuán viva y amada—
me sentí cuando mi cuerpo y mi alma comenzaron a confiar en ti
cuando hacer el amor se convirtió
en una aventura emocionante y apasionada
cuánto amo tu voz —especialmente cuando cantas—
me siento viva cuando bailamos y cantamos juntos
cuando puedo compartir mi Ser contigo
cuando conversamos —cuando hacemos el amor—
cuando escribimos, creamos y compartimos
nuestros pensamientos y jornadas
cuando trabajamos juntos —o lado a lado—
cuando hacemos un cata de karate juntos
cuando vamos por el mundo
trayendo cada uno nuestros descubrimientos y aventuras

acogiste mi creatividad, mi espíritu y mi verdadero Ser
tu amor es mi hogar —tu integridad es terreno firme—
en donde puedo caminar

tu confianza me ofrece apoyo y seguridad
tu aliento y tu paciencia me otorgan fortaleza
tu honestidad y tu sinceridad me ofrecen —tiempo y a la vez—
un puente para llegar al otro lado
que me da valor para ser sincera

a tu lado
dejo la oscuridad del reproche y la culpa
dejo atrás las mentiras y la hipocresía

cuánto aprecio tu honestidad y tu franqueza

5
mentiras

mentiras

ella dice: *mi intención es buena* —y—
golpea
a su niña

sus ojos hablan un lenguaje diferente —de odio y amargura—
miseria y dolor —desesperación y venganza—

la madre dice: *mi intención es buena*
pero el dolor penetra el cuerpo de la niña —luego a su alma—
ella grita

—*mi intención es buena*— su madre repite
la niña grita:
¿entonces por qué me estás haciendo daño?
yo te amo

—*no quieres hacer mi voluntad*— responde la madre
por eso tengo que golpearte

la niña llora:
no siempre puedo hacer tu voluntad
a veces tengo que hacer las cosas a mi manera
tengo mi propia voluntad
tengo mis propios pensamientos

la madre golpea a su hija aún con más fuerza
tan fuerte que ella grita:
no puedo soportar que tengas tus propios pensamientos
no puedes tener tu propia voluntad

eres una niña mala, perversa y pecadora
si tienes tu propia voluntad
te golpearé hasta que admitas que has sido mala

hasta que admitas que yo tengo la razón

¡no llores! ¡no grites! ¡compórtate!
¡soporta el dolor! ¡quédate quieta! ¡de una vez por todas!
¡tan sólo puedes ser como yo te diga que tienes que ser!

—aquí— ¡yo mando!
—aquí— ¡mi mundo es la ley!
—aquí— ¡mi poder y mi voluntad son la ley!

fuiste mala
no hiciste —lo que yo te dije que hicieras—
no pensaste —lo que yo te dije que pensaras—
no eres —como te he dicho que seas—

este es tu castigo; te lo mereces

si gritas te golpearé más
aun durante más tiempo y más fuerte

di que eres mala
di que nunca lo volverás a hacer

la niña yace en el suelo
solloza suavemente y dice: *por favor, madre, por favor, ¡para!*
soy mala
nunca lo volveré a hacer
soy mala
perdóname

la montaña de odio dentro de su madre
—la verdad que la niña podía leer en los ojos de su madre—
penetra el alma de la niñita

se ha encontrado con el lenguaje del odio

ahora ella también odia —a su madre—
y comienza a odiarse —a sí misma—

virtud

escrito en Chicago, verano de 1986

las mentiras son mi traje
algunos llaman virtud a su tela
me cubre para poder complacer —puedo complacerte, madre—
en trajes de virtud debo esconder mi Ser

¿cómo me puedo vestir?
no de la forma que me gusta —no de la forma que soy—
sino para poder leer aceptación y admiración en tus ojos

la verdad es un simple traje —sería el mío propio—
tejido de mi propia tela —mis sentimientos, pensamientos
y necesidades— tejido de honestidad y franqueza
pero ese no te gusta
tú y mi padre —y muchos otros— no pueden soportar su vista
no desean que yo lo use

mi verdad es poderosa —llena de preguntas, curiosidad
convicciones— con mis propias ideas y deseos
con una búsqueda infinita de dicha, ternura y amor
pero tan solo si disfrazo mi verdad con mentiras me elogias
y puedo complacerte

entonces visto mi ira con complacencia
mis preguntas con humildad
mi rebeldía con silencio retraído
mi venganza siendo útil
mi curiosidad con charlas triviales
mi tristeza con calma jovial
mi alegría con indiferencia
mi ansiedad de justicia con servilismo
así mi traje de mentiras es admirado como una virtud

ya no me puedo volver a vestir
nunca más
con la virtud de mentiras

la verdad está ardiendo en mi interior

me pongo su traje estricto y sencillo
cargo con su fuego luminoso
quiero dejar que brille la llama de mi anhelo por la verdad

el gran agujero negro

niñita, tan feliz
el sol toca tu cuerpo
el viento juega con tu cabello
estás dando saltitos —emocionada de estar viva—
pero la voz de tu madre dice
¡no des saltitos! ¡dar saltitos es malo y perverso!
¡las niñas buenas no dan saltitos!
niñita —tu felicidad se torna en culpa—

niñita, tu hermana se ha llevado tu muñeca y estás enojada
la voz de tu madre dice: *¡no te enojes! ¡sé buena y clemente!*
¡las niñas buenas nunca se enojan!
¡las niñas buenas nunca pelean!
niñita —tu ira se convierte en culpa—

niñita, has jugado fútbol con los niños
estás llena de energía y vida —pero tu madre se queja—
¡qué asquerosa te ves!
¡las niñas buenas lucen preciosas y bien arregladas!
ella te alisa el cabello hasta que gritas
niñita —tu alegría de la vida se convierte en dolor—

niñita, llegas a casa de la escuela
orgullosa de tus logros, deseas compartirlos
pero tu madre está esperándote detrás de la puerta
—de repente aparece— comienza a golpearte con un látigo
niñita —tu amor por aprender se convierte en miedo—

niñita, te has herido y los cortes en tus muñecas sangran
estás aterrorizada de que tu madre pueda descubrirlo —castigarte—
qué alivio sientes cuando tu padre cuida tus heridas
niñita —trágicamente tienes que poner toda tu confianza
en un padre manipulador y peligroso—

niñita, tenías hambre y tomaste algo de comer
tenías sed y trataste de beber —también de cubrir tus crímenes—
la voz de tu madre grita: *te lo dije nunca robes comida*
¡nunca mientas!
¡debes ser castigada muy duramente!
¡eres una niña mala!
niñita —hambre y sed se tornan en culpa—

niñita, reconoces que tu madre no dice la verdad
tu madre responde: *¿y qué? tan sólo mentí —así son las cosas—*
niñita, tu alma grita: *¿quién te castiga a ti por mentir, madre?*
¡tú te sales con la tuya!
¡no asumes la responsabilidad de nada!
eres grande y más fuerte que yo
niñita —debes renunciar a tu integridad—

niñita, tu verdad se ha convertido en una mentira
tu rabia por la injusticia de tu humillante y penosa experiencia
te abruma
el mundo a tu alrededor se vuelve negro

niñita, quieres decirle a tu madre: *¿no lo ves?*
me enseñas a actuar amable cuando estoy enojada
me enseñas a actuar feliz cuando estoy triste
me enseñas a estar seria cuando estoy feliz
me enseñas a mentir —estoy muerta del miedo de decir la verdad—
niñita —tus sentimientos y necesidades—
se convierten en una masa confusa de ansiedad
ya no pueden guiar tu bienestar, tu salud, ni tu vida

niñita, quieres expresar tus propios pensamientos
pero tu madre te advierte
¡no te atrevas a tener otros pensamientos más que los míos!
¡Dios ve todos tus pensamientos y todo lo que haces!
¡obedece siempre!
¡te irás al infierno si tus pensamientos son equivocados y malos!
niñita —las creencias de tu madre reemplazan tu identidad—

niñita, con tanto dolor
ahogándote en la soledad
la voz de tu madre exige: *¡compórtate!*
no tienes dolor ni sufrimiento en tu vida
tú lo tienes todo

niñita, tu padre puede reconocer la tristeza en tus ojos
pero tan sólo se burla de tu pena
tan sólo los débiles lloran
¡sé mi niñita valiente!

niñita
tu interior se convierte en un agujero negro
que sólo atrae culpa y ansiedad

después —sin tus propios sentimientos—
ni pensamientos
tu vida es una lucha sin esperanza
en contra
de este agujero negro en tu interior

madre iglesia, casa de piedra

escrito en Alemania, 1986

iglesia —casa de piedra— hermosa de admirar
pero tan fría a mi tacto

esplendor sin vida —belleza petrificada—
construida para la adoración exaltada y la sumisión devota
a un ser superior que no puedo ver
a quien desconozco
maleable de acuerdo a cualquier creencia humana arbitraria

iglesia —vida y verdad—
reemplazada con dogmas y reglas vacías de moralidad
la salvación depende de las condiciones —de la creencia correcta—
en la perfecta y única conexión con el Ser Superior

iglesia —intolerancia sin compasión—
autorizada por un poder superior

lo que sea que se proyecte hacia un Ser Superior
revela tan sólo lo que sus seguidores necesitan creer

iglesia —los impotentes "aquí abajo"—
dependiendo
de un Ser superior "allá arriba"
—tan lejos y tan alejado, inaccesible e impenetrable—
qué impotente es la niña contra
las creencias de sus Padres Todopoderosos

iglesia —una relación vital— tallada en piedra y creencias

iglesia —cuando te toco me congelo—
y la vida se me escapa
como contigo, madre, cuando trato de abrazarte

iglesia —casa de piedra—
en donde me sofocan con creencias e hipocresía

en la iglesia —escucho las almas—
llenas de los gritos del dolor de los niños heridos
que anhelan ser entregados y encontrar la salvación

iglesia —explota—
las cargas acumuladas de culpa y soledad en la niña
las usa para crear un negocio floreciente

iglesia —gloriosas fachadas— relaciones reguladas
en donde las apariencias reemplazan la realidad
en donde las preguntas y el libre pensar son indeseables

iglesia —lugar silencioso—
en donde mis sentimientos no son bienvenidos
en donde la vida y la verdad
son reemplazadas
por tener que creer

ya no puedo soportar mi soledad allí
mis gritos han regresado desde sus paredes majestuosas
mi soledad resuena como un eco ante mí
me golpea una y otra vez hasta clavarme en el suelo

no puedo ser tu creyente devota una vez más
tratando de ganarme tu merced y benevolencia, madre

no puedo ser tallada en expectativas petrificadas
o cómo debo ser y qué debo creer
o usar los trajes de virtud e hipocresía para complacerte

no puedo morir en relaciones frías y sin vida
en donde no hay lugar para la verdad, madre

debo dejarte para salir viva

6
adicta a la aprobación

adicta a la aprobación

la aprobación, restringida con crueldad sistemática
llegó a ser —como agua en el desierto—
todo lo que la niña tanto anhelaba y ansiaba

cuanta más aprobación le era negada
más la niña la deseaba con ardor
más insaciable se convertía su sed

obsesionada con lograr y ganar la aprobación
me formé a mí misma
—lo mejor que pude— para lucir bien ante los ojos de mis padres

una vez mi madre me dijo: *has heredado*
todas la buenas cualidades de tu padre y mías
mientras que tu hermana tiene todas las malas
incluso siendo adolescente sabía con claridad
que nadie nace así, todo bueno o todo malo
este es uno de los pocos pensamientos definitivos
originales míos que sí recuerdo

incapacitada y minusválida
era como una concha vacía
llena sólo con las expectativas de los demás

---

sin vida, un fantasma en busca de aprobación
cuyo único propósito en la vida era complacer a aquellos
que te dijeron que tenías que complacer
por encima de todo, aquellos percibidos como autoridades
como más valiosos
y más importantes en la jerarquía
que la niña sin valor

en un mundo en donde la realidad incomprensible
era desdén por los niños
    —sermonearlos, castigarlos, humillarlos
        hacerlos sentir indignos y malos—
la obsesión de todo el mundo era
—aprobación—

caballito del circo

escrito en Alemania, 1987

de manera muy bonita —el caballito del circo—
está corriendo en círculos —una luz resplandeciente, brillante
y la admiración lo ciegan—

los audaces trucos logrados —sale— hacia el establo

el director del circo hace la venia
—ahora toda la gloria cae sobre él— todo el mundo lo mira
cuán maravillosamente bien ha entrenado al caballito
—qué hombre— con una hija tan talentosa

el caballito está de pie solitario en el establo

qué bien —su hija ejecuta su arte al piano—
algunas veces —cuando su ejecución es perfecta—
cuando ha tocado su pieza de música
        de oído —sin un sólo error— perfectamente
el caballito de circo recibe un regalo —no azúcar— ¡oh no!
nada que ella realmente desea
—nada que ella realmente quiera— ¡oh no!
se le permite acumular una colección de osos de madera
que su padre trae de sus viajes

osos de madera no significan nada para la hija
tan sólo la atención y el elogio de su padre
significan todo en su mundo —por un momento de admiración—
—por una falsa ilusión— ella vende su alma —sin saberlo—

el caballito dice que le encantan los osos
y los muestra con orgullo
pero más tarde —la hija los destruye—

el león hambriento y el caracol solitario

mantenida alejada de sus padres
la niña anhela con ardor su atención
ansía que ellos la adviertan
sin articular una sola palabra ella aprende
a sentir las expectativas de sus padres como un sismógrafo
devora las expectativas expresadas y las no expresadas
como un león hambriento
como si le tiraran un pedazo de carne al frente de ella

a menudo tenía que luchar con sus hermanos y hermanas
tratando de agarrar los bocados
para sobrevivir tenía que aferrarse a algo
a cualquier cosa
que le ofreciera atención
que aplacara su hambre insaciable

la vida era una caza de expectativas
realizarlas significaba la vida para ella

pero demasiadas
—y conflictivas—
expectativas la abrumaban
era imposible realizarlas todas
ya no sabía quién era ella
entonces una fuerza diferente la posee para dirigirla
aquella que odia
la caza del oro de la aprobación
que quiere que la dejen en paz
que odia todo contacto humano
—lo único que conlleva son problemas—

esta parte de ella se retiró de las personas en silencio
no deseaba relaciones
no quería hablar con nadie
la adolescente era infame
porque se retiraba en silencio por días

se arrastraba como un caracol en su concha protectora
se escondía detrás de los libros

después de su confirmación —a los catorce años—
tuvo una habitación propia
alejarse de su familia significaba liberarse de las expectativas
significaba paz
y un contacto vago, suave consigo misma

lejos de su familia y de su país
la mujer adulta huyó de todas las expectativas
encontró lugares y personas
que le permitieron
respirar con su mente, su alma y su corazón

la niña especial

"una y otra vez, el orgullo de sus padres,
Bárbara hace que eso sea posible"

escrito en 1969 por mi padre en el diario de mi boda

me llamaron según la madre de mi padre
y la madre de mi madre
Irma —Bárbara—
mi nombre tenía un gran significado para mis padres

como adolescente yo podía construir puentes hacia mis padres
cuando llenaba su necesidad de compañía
mi talento y mi naturaleza gentil
me permitían ser especial para ellos

mi padre era un talentoso violinista
su madre lo acompañaba al piano
su padre lo manipuló
para alejarlo de la música hacia los negocios
sin embargo mi padre seguía amando la música
y deseaba un compañero musical
me convertí en su acompañante
cuanto mejor yo tocaba el piano
más mi padre tocaba música y pasaba tiempo conmigo
algunas veces lo hacíamos hasta muy avanzada la noche
lo que fuera que encontráramos
Mozart, Schubert, Beethoven, Brahms, Kreisler

las horas que pasé tocando música con mi padre
siendo adolescente
le brindaron felicidad y orgullo a mi niñez
me dieron una sensación de capacidad, dignidad, importancia
de ser especial para él

la música reemplazaba los sentimientos y la cercanía
la música llegó a ser mi fuerza de vida

mi fuerte nexo musical con mi padre ayudó a cubrir el incesto
y me hicieron asumir una idealización ciega de él

la infelicidad de mi madre era dolorosa para mí
me convertí en la compañera de mi madre
durante muchas tardes
llenas de largas conversaciones
hasta bien entrada la noche
mi madre leía con interés dedicado
la literatura moderna y las revistas políticas liberales
—mi padre no tenía interés en ninguna de las dos cosas—

con mi madre aprendí a escuchar y a ser receptiva
me convertí en una experta
en mantener las conversaciones interesantes y vivas
al asumir una responsabilidad que no era la mía
para acercarme a mi madre solitaria
aliviar su dolor
hablábamos sobre religión, historia, política y libros
pero no de nosotras
—lo personal estaba excluido—

sin saberlo
yo llevaba una carga pesada que no podía entregar
sino enterrar cada vez más profundo
en mi adicción de tratar de salvar a los demás

me sentía orgullosa de poder aliviar su soledad
y de darle ternura
de ofrecerle un sentimiento de aceptación y de conexión

esas largas conversaciones me hacían sentir importante
hasta especial y escogida
pero la responsabilidad de aliviar la miseria de mi madre

pesaba demasiado
muy en lo profundo lo resentía fuertemente y anhelaba
una madre alegre y confiada en sí misma

aunque regresé a visitar a mi familia durante muchos años
dejé detrás esas conversaciones con mi madre
—después de casarme cuando tenía apenas diecinueve años—
junto a todos los vínculos de las instituciones religiosas

mi inconsciente conocía el abismo infranqueable
entre mi madre y yo
y me guiaba lejos de ella más y más fuertemente

pero la jovencita no lo sabía
estaba orgullosa de ser la hija que la madre deseaba
le dio significado e importancia a su vida

locura competitiva

en una atmósfera de cruel competencia
nosotros los hijos teníamos que luchar con tenacidad
por ser "el mejor"
tratar siempre de ser "mejor que los demás"
como perros luchando por un hueso crudo
se convirtió en una batalla sin piedad para nosotros
conseguir la aprobación de los padres
que nos permitieran pasar un poquito de tiempo
haciendo algo con ellos
hacer que nos alabaran
recibir una mirada de reconocimiento

esta loca batalla era animada de manera cruel
por nuestros padres
cuya preocupación principal era
¿qué pensarán los demás? ¿qué dirá la familia?
¿qué da una buena impresión?
¿qué incrementa nuestro estatus?

padres que habían obtenido el poder
sobre los buscadores dependientes de aprobación
menospreciaban y atacaban con desdén
la necesidad desesperada
de aprobación
de sus vulnerables hijos
—a pesar de que en toda la vida y todas las relaciones—
—cualquier sentido de valor y de dignidad—
—estaban basados en la aprobación—

con indiferencia sobrecogedora y crueldad
un hijo era impuesto contra el otro

la madre favorecía con fiereza al hijo que le decía

lo que ella quería escuchar
al que veía el mundo con sus ojos
quien obedecía incondicionalmente y estaba a su lado fielmente
salirse de estos parámetros significaba cierto exilio

tan sólo las palabras de la madre
—ya no eres mi tesorito
        tu hermana es ahora mi favorita—
eran suficientes
para desterrar el niño expulsado en soledad
al igual que las acciones y la actitud de un padre
que colocaba el valor
sólo
en ejecutar perfectamente y ganar
y quien trataba a sus hijos hombres como a dioses

abandonada
la niña veía impotente cómo su madre
demostraba triunfante la cercanía con otro de sus hijos
        quien ahora reemplazaba alegre el hijo inútil
mientras su padre caminaba hacia la cancha de tenis
        para exhibir al hijo que creía que podría ayudarlo a ganar

su padre se enfocaba y pasaba tiempo con quienquiera
que él favoreciera para ayudar a obtener la gloria en el mundo
—por encima de todo sus hijos hombres—

la niña se quedó afuera
forzada a observar con rabia e impotencia
cómo los demás tomaban lo que ella creía era
su lugar especial

la niña —caída de gracia y en desgracia—
fue partida en dos

para el mundo exterior
la adicción a la aprobación presentaba la apariencia deseada

mientras que muy en su interior
un gigante lleno de resentimiento comenzó a crecer
contra este sistema absurdo de favoritismo injusto y arbitrario

este furioso gigante estaba ansioso
por asumir el mando de su vida en un sendero distinto
deseaba profundamente para ella —Bárbara— ser reconocida
por lo que era en verdad

cuando este gigante salió
le mostró una perspectiva diferente
de lo que realmente había sido su niñez
de las mentiras que ella había creído

entonces pudo cuestionar
con rabia y dolor
los crueles juegos que sus padres habían practicado

acosada

—a mi alrededor— el ruido y el desasosiego insoportable
de tantos niños —terror, reprimendas y órdenes me golpeaban—
como las balas de salva de una ametralladora,
sin espacio, sin habitación, sin lugar para mí
—dónde esconderme— dónde estar sola
dónde escapar —dónde encontrar la paz—

perseguida por la voz dura y estricta de mi madre
temblando de ansiedad cuando escuchaba pasos
que se acercaban —torturada por castigos y golpizas—
pasaba mis días temerosamente en la jaula de mi niñez

es tan insoportable vivir ahí que debo llorar y llorar
debo odiar a las personas que deseo amar
pero no debo llorar
y a nadie le importa lo insoportable de mi dolor
y no debo odiar —y cuánto odio sentir odio—
cuánto odio estar a la merced del odio

la vida es demasiado dura —siento tanto dolor— sin consuelo
no hay lugar para mí, mis necesidades, mi vida

odio los guardianes que mandan en esta prisión
odio mi vida en esta prisión y odio tanto mi vida
que quiero correr lejos de esta casa, llamada mi hogar, gritando
gritando mi dolor, mi desesperación, mi odio, mi miseria
pero —este es mi hogar— ¿a dónde puedo ir?

¿quién me escucharía o me creería —y mucho menos ayudarme—?

lloro hasta quedarme dormida y alejo mi dolor
pongo mi odio bajo las sábanas del silencio

7
la mayor

el puerto

la niña necesita un puerto para navegar, para descansar
para sentirse en un hogar
pero el mío está comenzando a llenarse —uno— dos —tres—
—cuatro— y cinco hermanos y hermanas más lo llenaban
mi primera hermana llega el día
después de mi primer cumpleaños

emulada —petrificada— la mayor permanece a la entrada
no hay más lugar para mí

palabras —expectativas— eran lanzadas sobre ella
“sé razonable” —"un ejemplo"— "sacrificio”
"amabilidad” —”gentileza”— "comparte"

la golpeaban como si fueran flagelos del látigo
se convirtieron en rocas sólidas y pesadas
que bloqueaban la entrada al puerto

rabia, furia y celos
despiertan odio en la niña desterrada de su puerto
cuya soledad —cuya ansia de ser abrazada—
no es escuchada

dolor ardiente inflama llamas de desesperación que erupcionan
y despiertan el deseo de herir y destruir esas otras naves
hundirlas —sacarlas—
para que el puerto sea de nuevo mío

la buena niña mata sus gritos con silencio y por ser amable
nunca se enoja o se queja
más bien atiende fielmente sus deberes
como la perfecta hermana mayor

el incendio

en una ocasión en Navidad comenzó un fuego en la sala
en el lugar en donde estaba el árbol de Navidad
y todos los regalos habían sido destapados
y aún rondaban por ahí

mi madre fue la última en salir de la habitación
olvidó apagar una vela
que estaba detrás de una imagen transparente
con una escena de la natividad
encendida y visible bajo la luz de la vela

pero cuando la vela cayó en el pesebre
las llamas brotaron —ascendieron hacia la cortina de atrás—
y el fuego se extendió por la habitación de Navidad
tuvieron que venir los bomberos a extinguirlo

yo era una adolescente —trece años de edad—
aterrorizada había subido y bajado las escaleras una y otra vez
hacia abajo —porque quería salir de la casa en llamas—
pero entonces
corría de nuevo hacia arriba
—porque la puerta de la habitación donde estaba el fuego
        estaba bajo las escaleras en el primer piso—
tenía que pasar por la temible puerta
correr por la sala en llamas para llegar a la puerta del frente
a través del gran salón de la entrada
y luego al exterior de la casa

no me atrevía a pasar por esa puerta

el día después del incendio
la familia se reunió en la mesa durante la cena

yo fui la única
que fui criticada por mi padre al frente de toda la familia
inolvidable —con vergüenza ardiente—
—como si el fuego todavía estuviera en mi interior—
este recuerdo —consumido en mi cerebro—
atormentó cada célula de mi cuerpo por años
hasta que en terapia sentí compasión por la adolescente
que temía por su vida
entonces —y desde muy temprano—
y comprendí su dilema

la única que debía ser reprendida era la mayor
mientras mi padre se burlaba de mi miedo:
Bárbara estaba tan ansiosa y temerosa
que corría hacia arriba y hacia abajo por las escaleras
como un pollo asustado
qué valiente fue la hermana menor
quien encontró el numero de teléfono de los bomberos

así fue resumido el incendio por el poderoso patriarca

todo el reproche y la culpa fueron descargados en la mayor
mientras sus padres fueron exentos de estos

no había críticas para una madre
cuyo descuido había comenzado el fuego
o para un padre que no se molestó
en ayudar a salir de su casa en llamas a su hija aterrorizada

nadie se preguntaba por qué los adultos necesitaron
ayuda de una niña
para llamar a los bomberos

en el pedestal

escrito en Alemania, otoño de 2002

aterrorizada —indefensa— estirada —sobre mi estómago—
estoy acostada sobre una meseta
que apenas me rodea y caigo en picada en otra meseta
de donde desciende de nuevo un abrupto acantilado
—trato de levantarme— pero cuando bajo mi pie derecho
rompo el suelo debajo de mis pies
como si fuera un piso de cartulina artificial
no hay piso firme bajo mis pies —no hay espacio para moverme—
y si me muevo —caeré de la meseta—
por lo que no me atrevo a moverme
mi sueño me llena de un miedo irremediable
no tengo idea de cómo salir de esta situación
no veo escaleras —ni rocas— no hay manera de escalar
aislada y solitaria, estoy atascada aquí —sin salida—

este horrible sueño me revela la situación irremediable
del escenario familiar —la hija mayor—
una posición por encima de sus hermanos y hermanas
tiene que brillar para su familia
con sus talentos tiene que producir grandes logros
por los cuales luego es envidiada y resentida
incluso por sus padres

su labor es garantizar el honor de la familia
ser algo **especial** —el orgullo de sus padres—
pero al mismo tiempo le dicen una y otra vez
no creas que eres algo especial
¿quién te crees que eres?
no hagas sentir mal a tus hermanos y hermanas
no seas creída —no alardees—
en secreto todo el mundo espera —o hasta desea—
que ella se caiga del pedestal y se accidente

el puerto de nuevo

cuando fui madre, el viejo grito hace erupción
en donde nunca debió hacerlo
con la persona que nunca quise herir —con mi propio hijo—

cuando veo a mi hijo mayor en peligro de herir al más pequeño
me convierto en un monstruo de ira
y me descubro golpeando a mi hijo mayor que tiene tres años

detestaba la violencia física —y todavía lo hago—
estaba determinada a ser una guía amable para mis hijos
quería tratarlos con amabilidad y respeto
anhelaba crear amor

pero en ese momento el viejo y negado dolor salió a flote
asumió que lo que mi hijo deseaba hacer
lo que la agonía de haber sido reemplazada tantas veces
me había hecho desear desde hacía mucho tiempo
—matar a mis hermanos y hermanas—
en vez de resolver la situación con amor
le grité a mi hijo —golpieé a mi hijo—
atacándolo para matar mi propio grito enterrado

la negación y la represión no me permitieron ser
un modelo benigno —que tan sólo aclara y alivia la situación—
que protege al hijo menor
que tan sólo señala que algo peligroso podría suceder
que le ofrece apoyo y atención al hijo mayor
para guiarlo para que haga algo distinto

atormenté a mi hijo —para silenciar el grito dormido—
desde hacía demasiado tiempo
tanto que ya no lo reconocía como propio
cuando surgió por medio de la violencia

mi hijo, a quien jamás había golpeado antes
rompe en un llanto inconsolable
está tan alterado que se queda sin aliento y no logra respirar
su rostro se torna púrpura
profundamente apenada, me arrodillo a su lado —pero—
no logro calmarlo o hacer que deje de gritar por mucho tiempo

mientras me enfrento al serio dolor de mi hijo
la crueldad de mi horrible rabia se revela ante mí
profunda pena, vergüenza y tristeza me embargan
y sé —una confianza profunda se ha roto— para siempre
entre mi hijo y yo

---

años más tarde resurge el grito
cuando debo enfrentar el adulterio de mi primer esposo
celos antiguos dolorosos salen a flote
y primero —soy incapaz de reconocer la verdad
sobre mí y mi matrimonio— porque por demasiado tiempo
no puedo cuestionar o enfrentar un esposo
a quien yo consideraba ciegamente mi puerto

cuando creo un puerto en mi interior
soy capaz de aliviar el antiguo dolor
y encuentro la fuerza para dejar mi matrimonio
donde la novia tuvo un presagio pero no lo pudo descifrar
          que con este hombre ella no encontraría la cercanía
                    emocional, mental y física que tanto anhelaba
                              y que la honestidad no sería bienvenida

me tomó mucho tiempo admitir que no había
campo en este matrimonio para cambio y crecimiento
que mi verdadero Ser no era bienvenido
aprendí que podía estar tan cerca de alguien
como él o ella lo estuviera de su propio Ser

con los antiguos celos dejé atrás mi matrimonio
para partir en mi propio sendero por la vida

el papel principal

en un sueño después de mi regreso de Chicago
soy la cantante de Elisabeth
el papel femenino en la ópera *Tannhäuser* de Wagner

para liberar a Tannhäuser de sus supuestos pecados
Elisabeth tenía que sacrificarse y entregar su vida por él
sin egoísmo
la ópera la describe como un ser humano noble y bueno

el Papa que pregona el perdón
no perdona a Tannhäuser por sus pecados
—la alegría de la sensualidad y el sexo—
Tannhäuser es el malo de la ópera —es el máximo pecador—
que nunca puede ser perdonado

en el tercer acto de la ópera
Elisabeth debe morir por los pecados de éste
y de esta manera Tannhäuser afortunadamente encuentra
la salvación después de todo

mientras canto Elisabeth en mi sueño
decido durante la segunda intermisión
que no deseo continuar cantando este papel nunca más
no me gusta

me alejo de la ópera
sencillamente me voy a casa
solamente en casa me doy cuenta
—sin miedos, angustias o culpas—
que la ópera no puede terminarse sin mí porque no hay nadie
que pueda morir por Tannhäuser en el tercer acto

desde mi regreso después de seis años en los Estados Unidos
y de mis dieciocho meses iniciales de terapia

estoy herida con hostilidad recriminatoria
de parte de mi madre y de mi familia
no pueden entender por qué ya no puedo actuar mi viejo papel

pero he llegado a comprender que nadie tiene que morir
si ya no canto ni actúo como todo el mundo espera que lo haga
¿por qué Wagner cree —qué creencia tan destructiva y horrible—
que la salvación puede sólo ser obtenida
renunciando a tu propio Ser y a tu propia vida?

¿por qué los cristianos creen que la salvación puede ser
tan sólo lograda por medio de la muerte de otro ser humano
—la del propio hijo de Dios—?

¿no tendría Dios otros medios —y más poder y sabiduría—
para perdonar los pecados de la humanidad
en vez de traerles la salvación —por la muerte de su propio hijo—?

¿hemos idealizado el sacrificio de un niño
—traído a través de los deseos y las acciones de sus padres—
como un símbolo del dolor, el martirio y el sacrificio personal
que tantos niños deben sufrir?

¿qué sucedería si tratáramos a nuestros hijos
como hijos de Dios —tal como lo hicieron los padres de Jesús—
con verdadero respeto, reverencia apoyada y devoción sincera
sin violencia física, emocional o mental?

los niños que crecerían en el espíritu de comprensión y el amor
por ellos mismos y por los demás —vivirían y se propagarían—

apreciarían sus vidas y las de los demás

los niños que crecen sin violencia y crueldad
—sin dolor inflingido inútilmente— no necesitan herir a los demás
para encontrar la salvación a través del sacrificio
o para resolver conflictos a través de la violencia

8
miedo tirano

Nikolaus

Diciembre 6, el día de San Nikolaus
—una pesadilla de puro dolor—
afuera está oscuro
los niños se reúnen en la sala
esperan llenos de temor
finalmente suena el timbre en la puerta —suena sin parar—
interminablemente
pasos de botas
—pesados, contundentes, violentos, ruidosos, amenazantes—
golpean al entrar por la casa
los niños anticipan su llegada con creciente horror

un hombre aterrador llamado Nikolaus entra en la sala
un hombre con barba
con un abrigo pesado y una bolsa en su espalda
un tubo en su mano —el terror petrifica a los niños—
se esconden
bajo el escritorio de su padre
mientras los adultos sonríen a sabiendas de todo

Nikolaus también trae dos libros, uno dorado, el otro negro
en voz alta y con estruendo —en un tono estricto de voz—
lee los nombres de cada uno de los niños

si tu nombre está en el libro negro —entonces eres un niño malo—
eres reprendido y criticado frente a todo el mundo
hasta ser juzgado tan malvado
que Nikolaus tiene que llevarte lejos
a los siete años, aparezco en el libro negro —reprendida—
por saltar —alegremente— por la calle

si tu nombre está en el libro dorado —eres un buen niño—
te sientes especial, como un buen ejemplo

tus padres están orgullosos de ti
pero eres envidiado y resentido por tus hermanos y hermanas
estás a salvo —pero aislado, solitario y triste—

el terror se alivia cuando la bolsa es vaciada
nueces y frutas, algunos dulces
quedan regados en el piso para que los recojamos

Nikolaus y sus pesados pasos parten

caos

el caos reinaba en una infancia
marcada por la incertidumbre y el odio
el caos a su alrededor había creado el caos en su interior

persecución arbitraria sin piedad y con frialdad
negligencia y abandono

luchando contra el loco y horrible caos a su alrededor
la niña impotente luchaba por sobrevivir

su caos interno reflejaba el caos de su realidad externa

el horrible caos exterior
—disfrazado y hasta llamado amor—
formaban su mundo interno
lleno de confusión, reproche y ansiedad
la soledad ineludible
se convirtió en un caos de heridas y gritos

el caos en su interior y en su exterior
tan sólo le decían que había fracasado
la convencían de su culpa innata
la declaraban como la máxima maldad
confirmaban que no tenía valor

y ella creía todo eso

soldadito de plomo

inmóvil —petrificada— sigo las normas

mantenida a raya y oprimida por la culpa
con la columna vertebral rota
reemplazada con cables de obediencia
emerjo —como un robot que funciona a la perfección—
un soldadito de plomo reluciente
todo lo mío —la expresión personal—
es prohibida —es juzgado como erróneo—
mi verdad —condenada y perseguida como un crimen—

juicios constantes de mi culpa y de mi maldad
me atacan con terror
impregnan en cada una de mis células
el sentimiento ineludible de que
soy mala

el miedo y la culpa son los aliados desquiciados
que producen un vasallo peligrosamente leal
y me convierten en un rígido soldado de plomo prusiano
obediente, sumiso, sin boca, sin voz, invertebrado
—inflexible— "estricto" —muy funcional— que no da problemas

mi humanidad mutilada
tan sólo mi miedo y obsesion más profundos
soy mala y lo hago todo mal
quemaduras y heridas ardientes en mi interior

puedo aliviar este infierno interno tan sólo
si funciono a la perfección
de acuerdo a las autoridades en mi vida —padres, familia, Dios
maestros, esposo, jefes, gobiernos, estados—

¿en qué me he convertido? ¿quién soy?

una esclava en cautiverio
una sierva tímida
sumisa y servicial
congelada en algo que no existe
un ser sin integridad, conciencia, sin centro
que se desprecia una y otra vez por su cobardía

no puedo renunciar

salimos a navegar —pero el alegre viaje se ha convertido
en una terrible lucha por la supervivencia—
el bote se ha volteado en una tormenta
lleno de agua —permaneció sobre un costado—
llevándolo a la deriva en un mar agitado
no podemos enderezarlo

mi padre y mi hermana —sentados del lado saliente del bote—
mi hermano y su amigo —quedan sobre el mástil—
flotando en el agua
yo —estoy en el agua agarrada del timón—
supongo que debo girar el bote al viento cuando se levante

estoy en el agua por un tiempo interminable
ola tras ola me revuelcan —desaparece mi voluntad de vivir—
siento el deseo de soltar el bote
y dejarme ir a la deriva con las olas
mi fuerza para soportarlas se está desvaneciendo
quiero morir

pero tengo dos niños muy pequeños
estoy pensando en ellos —cómo puedo dejarlos—
no puedo abandonarlos —debo vivir—
mis niños me necesitan —entonces me atrevo a hablar—
le digo a mi hermano
        que yo también tengo que sentarme en el bote
        ya no puedo estar más a la deriva en el tempestuoso mar
y —me dejan sentar en el bote—

---

la adolescente una vez prorrumpió en una risa incontrolable
cuando escuchó el chiste de una madre

que no quería que su hijo en su vientre naciera
entonces, siguió el consejo del doctor
y comió hielo en grandes cantidades —todo el tiempo—
hasta que a la siguiente visita el doctor descubre que el niño sigue
vivo —cuando él observa a la madre y al niño
a través de un equipo de rayos X—
el bebé en el vientre se abraza y se aferra a sí mismo
una y otra vez
y con cada movimiento dice:
agárrate fuerte —agárrate fuerte— persevera

¿cómo logró la niña, sin renunciar, sobrevivir ola tras ola
de violencia física, acusaciones, condena
de tratamiento hostil y miedo aterrador, tortura y persecución?

¿cómo logró la niña, sin renunciar, sobrevivir
tormenta tras tormenta de reproches y juicios
humillada y castigada
rebajada y burlada con sorna?

a la deriva entre la esperanza y la desesperación
estos se convirtieron en los polos emocionales de su vida

cuando consiguió lo que ella consideró amor
la hundieron de nuevo bajo el agua
y salió a flote en la ola de la esperanza de vida

cuando abrumada por la indignidad
se sumergía en esa oscuridad devastadora
cuando su deseo de vivir se desvanecía
todo lo que lograba pensar era
ya no puedo seguir viviendo así
quiero morir
por favor, déjenme morir —esta vida es demasiado dura—
quiero abandonarla

---

muchas veces la terrible experiencia de la niña
perseguía a la mujer madura
dejaba atrás su deseo de dejar esta vida

mi amor por la vida y por mis hijos —y mis amistades—
me dieron la fuerza para seguir
me ofrecieron la determinación
no renunciaré

confirmación

la religión era de suma importancia para mi madre
cuando era una niñita fui adoctrinada con los horrores religiosos
que clamaban que Dios lo veía todo
me leían libros infantiles con dibujos del diablo
me hicieron creer que el infierno existía
y me llenaron con el terror de que terminaría ahí
si cometía un error

en mi confirmación a los catorce años
me dijeron que ya era un miembro adulto de la iglesia
consideré esto como una nueva expectativa y un deber
que tenía que cumplir
y me lo tomé con seriedad para complacer a mi madre

el día de mi confirmación
las niñas usaron vestidos negros y los niños trajes negros
lucíamos terriblemente serios
como si fuéramos a asistir a un funeral

en la tarde
rodeados por la familia, festividades, regalos preciosos
lloré —nadie sabía que me sucedía—
ni yo tampoco

durante mi terapia
mi confirmación salió a relucir como un recuerdo doloroso
que revelaba que tenía que sacrificar
mi Ser verdadero
para tener una relación con mi madre

mi madre era tan profundamente distinta a mí
un abismo insuperable nos dividía
pero yo quería acercarme a ella

ansiaba construir puentes para alcanzarla
entonces, me sentía obligada a entrar en su mundo —la religión—

para que estuviera orgullosa de mí me identifiqué con su religión

después de mi confirmación
enseñaba a los niños en dos escuelas dominicales
y a menudo también asistía a los servicios para adultos

mi alma lloró ese día —sin estar consciente de ello—
porque la religión de mi madre y su manera de vivir
no eran mi hogar

su mundo oscuro en donde reinaban el terror y el miedo
significaban la muerte para la niña llena de vida en mi interior
para mi propio Ser

mi padre —su presencia, su mundo—
significaba la vida para la niña

lloré porque tenía que renunciar a lo que era en verdad
y a lo que de verdad me interesaba
para poder construir un puente hasta mi madre

como una obra maestra de mi familia
me convertí en su hija muy especial e irremplazable
la niña escogida

cuando esta niña comenzó a reconocer y a decir su verdad
el puente del temor
el puente que yo había construido
a través de la negación personal
colapsó

el abismo entre nosotras llegó a ser visible
y nunca más pudo ser superado

vida y muerte

Alemania, 1985

cuando regreso a Alemania
después de vivir seis años en el exterior
llego a vivir de nuevo cerca de mis padres
el primer año ha transcurrido —tengo treinta y cinco años—

antes de un viaje de verano, mis padres vienen de visita
mi madre me sorprende sola en la cocina
—con su amarga voz— de manera reprobatoria
vierte su veneno de reproche sobre mí
ahora que ya no cuidas de mí
por lo menos esperaba que cuidaras de tu padre viejo y enfermo

sorpresivamente tanto para ella como para mí
mi reacción ya no es de miedo o de sumisión obediente
sino de ira, la cual me permite decir calmada pero firmemente
mi relación con mi padre es asunto mío
y ya no puedo tener conversaciones personales contigo

mi esposo se pregunta por qué mi madre partió en llanto
y por qué puede ver odio en mis ojos

pero entonces el terror de la niña regresa
—me atreví a contradecir—
tiemblo de ansiedad severa toda la noche
no puedo dormir
ningún tranquilizante puede calmar
el terror que inunda cada célula de mi cuerpo
y recuerdo expresar al comienzo de mi terapia
que hay una lucha de vida o muerte entre mi madre y yo

en la mañana, después de una noche de insomnio
mi padre llama: *¿Ritzka, cómo estás?*

es todo lo que dice

al escuchar su voz y estas palabras
se calman mis células estremecidas y aterrorizadas
todos mis temores desaparecen de inmediato
al sentirme llena con la seguridad
de que puedo estar en desacuerdo con mi madre
y estoy segura

el judío en la familia

al comienzo de mi terapia
hablaba a menudo acerca de los judíos y los nazis
hasta que mi terapeuta sugirió
tú te sentías como el judío en tu familia
a partir de ese momento comienzo a hablar sobre mí misma

me sentí comprendida porque a menudo
un sentimiento me sobrecogía
soy la causa de todos los problemas del mundo

sólo los niños eran culpados y castigados
parecía como si tan sólo ellos cometieran errores
tan sólo los niños tenían que decir constantemente —*lo siento*—
y pedir perdón
tan sólo los niños se sentían culpables y responsables
por todos los problemas en sus vidas
e incluso por aquellos que pasaban a su alrededor

cuando era niña —y después del incesto—
—y después del accidente del auto—
yo era un chivo expiatorio
la culpable
de todas las cosas horribles que me sucedían
sólo a mi

me habían entrenado a creer
que los padres siempre tenían la razón
—infalibles como dioses—
que no podían equivocarse
un niño no era nada más que un lugar para lanzar
el reproche y la culpa

soy la causa de todos los problemas del mundo

he creído y sentido eso la mayor parte de mi vida
porque la niña fue tratada
como la causa de todos los problemas
reprochada y pronunciada culpable día y noche
sermoneada con fervor —condenada y acusada sin cesar—

cualquier problema que ocurriera en mi vida o a mi alrededor
solía aterrorizarme
y enviarme a un estado de un miedo tan aterrador
que me volvía incapaz de pensar en soluciones
mi cerebro colapsaba
como si se hubiera producido un corto circuito
mi mente daba círculos perdida —como un disco rayado—
entre el problema —y mi culpa por haberlo causado—

me sentía como una loca desesperada
meciéndome en una angustia mental

tratando siempre de encontrar la salida —lo cual nunca logré—
nadie me ayudaba
los problemas y los conflictos no eran sino oportunidades
para culparme y castigarme
para hacer un espectáculo de poder y supremacía paternos

nunca hubo oportunidad de que ayudaran o apoyaran a la niña
de enseñarle cómo enfocar y resolver un problema
de fortalecer su confianza y sus habilidades

mientras el cuerpo y el cerebro temblaban con un terror caótico
el sistema de la niña se derrumbó
sumida en miedo y desesperanza

ser la causa de todos los problemas del mundo
¿es así como se siente
ser un judío
en el infierno del anti-semitismo?

9
en el medio

a la hora de la cena

en un extremo de la mesa mi padre —en el otro mi madre—
en medio los niños —sentados tres a cada lado de la mesa—
mi lugar era al lado de mi padre

observo a mi padre
mientras se lleva a la boca, su comida especial
raras veces nos mira —pocas veces dice una palabra—
y regularmente la comida se escurre por su pecho

observo a mi madre al otro extremo
critica constantemente a sus hijos y les exige
        ¡siéntate recto!
        ¡las manos en la mesa!
        ¡no hables con la boca llena! ¡compórtate mejor!
        ¡no hagas regueros! ¡no babees! ¡no mezas tu silla!
        no, no, no
su crítica constante muchas veces crece hasta gritarnos
hasta que se levanta de la mesa enfurecida
la cena y la alegría de compartir la comida —arruinada—

qué confuso y doloroso era estar sentada entre ellos
miraba atrás y adelante
miraba a la derecha —miraba a la izquierda—
¿de eso se trata la vida
de cómo vive mi padre
o de cómo mi madre nos dice que seamos?

observaba a mis padres con total impotencia
mientras mi madre ahorraba cada centavo
        compraba la comida más barata y menos atractiva
        sólo las necesidades básicas —bajo el razonamiento—
        de que uno debe estar preparado para la guerra
                uno podría perderlo todo

a menudo apenas había suficiente comida
para todos los hijos —entonces
nos peleábamos por ella—

vi a mi padre como gastaba el dinero con derroche
no parecía tener límites
llegaba a casa con bandejas de frutas y pasteles
traía a casa cosas deliciosas
había comida suficiente para todos
nos llevaba a degustar cenas maravillosas
entonces, disfrutábamos tiempo juntos

una era una fanática religiosa
otro evitaba la iglesia y oraba en la naturaleza
una tenía miedo y odiaba viajar
otro viajaba todo el tiempo y amaba el mundo
una despreciaba
la buena comida, la buena ropa, salir
mientras que el otro disfrutaba
vestirse bien, oler bien y comer bien

mi corazón se hundía —mi alma se llenaba de tristeza—
al observar impotente
de atrás hacia adelante entre mis padres
con mi cabeza dando vueltas
preguntándome
¿cómo debo vivir?
¿cuál es el camino correcto?

la foto

mi madre provenía de una familia noble de sangre azul
y acaudalados en extremo —pero había sido entrenada
para ser modesta— nada pretenciosa —y nunca mostrar la riqueza—
mi padre provenía de una familia burguesa de comerciantes
quienes vivían en voluptuosidad
con alegría, escandalosamente y disfrutaban de sus bienes

en una foto que mi padre debió haber tomado
una víspera de año nuevo
nosotros los hijos, nuestra madre y la madre de mi padre
estamos detrás de una mesa grande
decorada con esplendor festivo —grandes botellas de champaña—
—grandes platos llenos de frutas y galletas—
galletitas de colores —mi padre disfrutó crear esta mesa—
pasó la mayor parte del día preparándola para la tarde
cuando familiares, una familia de músicos, vinieron a visitarnos

pasamos la última noche del año tocando música
todo aquel que tocara un instrumento ejecutaba algo
tengo recuerdos queridos de mi alegría y mi emoción
cuando la música de cámara había tocado más tarde esa noche

mi padre tomó esta foto antes de que llegaran los convidados
mi madre luce aparte con una expresión furiosa y desdeñosa
todos los niños tienen expresiones congeladas y aterrorizadas
en sus rostros —excepto yo—
soy la única sonriendo

nuestros ojos están llenos de un miedo evidente
los ojos de mi abuela miran hacia arriba —con horror—
como tratando de abandonar esta horrible escena
su rostro luce triste y temeroso

nadie mira a mi padre excepto su hijo mayor

¿qué significan estas horribles expresiones?
es evidente que una discusión terrible precedía esta foto
mi madre detestaba esta mesa —ella luchaba
contra todo lo que consideraba lujoso o innecesario—

cuando éramos niños, ella se peleaba con mi padre
porque nos llevaba fuera a tomar el té y pasteles los domingos
mi madre se ponía tan furiosa que no nos acompañaba
sino que permanecía sola en casa
ella creía que él malcriaba a sus hijos

mi madre tenía arranques violentos de ira y rabia
hacia todos nosotros
ese día ella debió haber acusado y gritado a mi padre
—por haber creado esta mesa festiva— por "exhibirse"

rompe el corazón ver esos ojos aterrorizados
descubrir el horror en los rostros de los niños

recuerdo cómo se sentía estar con esta mujer enojada
cuya amargura, actitud y tono acusatorios y críticos
eran nuestro pan de cada día —arruinaba toda la alegría de vivir—

se sentía como si la vida y la felicidad
estuvieran erradicadas de plano
con un extinguidor de fuego de ataques verbales y físicos

mi padre no nos protegía de su agresividad y una vez
cuando yo tenía treinta y tantos años le pregunté por qué
no lo hacía —me dijo que él no se había percatado de eso—
—esto provenía de un hombre que decía
que los alemanes sabían todo lo que les sucedía a los judíos—

¿por qué estoy sonriendo en esta foto?
al comienzo de mi terapia dije una vez
si el mundo se derrumbaba —aún así yo le sonreiría a mi padre—

corazón roto —corazón torcido—

mi padre es un hombre que mi madre no quiere que yo ame
en mi presencia ella habla de mala manera acerca de él
y siento que es un crimen amar a mi padre —estar cerca de él—
con cada comentario mordaz sobre él
siento que la calidez y el amor en mi corazón desaparecen
mientras crece mi anhelo por una conexión amorosa
y busco desesperadamente alguien a quien amar y que me ame

¿qué le has hecho a mi corazón, madre? ¿con qué derecho
te atreves a hablar sobre mi padre en una forma
que me hace sentir que debería despreciarlo, incluso odiarlo?

¿por qué me haces sentir que es un crimen amarlo?
¿por qué lo describes como un fracasado indigno
a quien debo desdeñar?
¿por qué quieres perjudicar mi relación con él?
¿estás celosa de cualquier cercanía a tu alrededor?
¿no puedes soportar ser testigo de amor a tu alrededor?
¿así como no puedes tolerar
ninguna señal de vida y verdad a tu lado?

exiges mi atención exclusiva

con el veneno de la ira, amargura, y acusaciones despreciativas
tu táctica de sentimiento de culpa
extingue la vida y el amor a tu alrededor

¿por qué tus palabras tienen tanto poder sobre mí
que no puedo seguir mi corazón
sino tengo que arrastrarme sobre tus pasos
en tu laberinto de odio —en tu telaraña de culpa—?

has convertido el amor en una maldición —has roto mi corazón—

no puedo amar con libertad y con alegría
porque mi corazón
ha sido programado
para no amar cuando siento amor

atada con cadenas
de piedad, deber, lealtad, sacrificio y gratitud falsa
estaba encadenada a ti por dependencia obligatoria
más no por amor

en el medio

mi padre desprecia con ridículo o con franco desdén
el estilo de vida de la familia de mi madre más humilde y sencillo
ellos eran más idealistas e intelectuales
más religiosos y callados

mi madre odia con pasión furiosa
el estilo de vida de mi padre y de su familia
son emocionales —qué cosa horrible—
viven mostrando su riqueza
y —qué hipocondríacos son—
hacen tanto escándalo por nada —que hasta se enferman—

---

veo la niña entre estos dos polos opuestos
perdida entre mundos polarizados
la veo ahí parada —observando—
un juego desquiciado de tenis mental
en el cual se lanzan hacia atrás y hacia delante
pelotas envenenadas
mi estilo de vida es mejor que el tuyo

la cabeza de la niña gira hacia un lado y otro
su alma se destroza mientras se pregunta
¿a quién debo seguir? ¿ por qué se odian tanto?
llena de confusión desesperada, inundada de ansiedad
se siente mareada
completamente perdida
abandonada y solitaria

durante ciertas épocas de su vida esta niña sigue a su madre
y se convierte en una adolescente muy religiosa
pero la religión no alivia sus angustias y su dolor

al contrario —la religión la hace sentir falsa e hipócrita—
entonces, más tarde evita las iglesias
deriva hacia un disfrute superficial de lujos
lo cual la deja vacía e insatisfecha
como la buena esposa que es ahora la obra maestra
de su esposo
ir de compras se convierte en la distracción de su vacío interno

la mente de la niña dividida en si debe o no
seguir la batalla a la que fue expuesta cuando niña
persiste en su madurez

la niña no puede encontrar una solución
incapaz de reconciliar sus experiencias de vida polarizadas
no puede crear paz y armonía en su interior
no puede llegar a comprender cómo debe vivir

al tratar de descubrir qué hace buena a una persona
mira hacia delante y hacia atrás
—a su madre—
—a su padre—
pero no hay respuesta

la vida es para ella
nada más
que la agonía
de sentirse desgarrada

¿cómo puedo amar?

¿cómo puedo amar a una madre que exige poseerme?
¿que ve mi lealtad incondicional como su patrimonio?
¿que considera cualquier pensamiento
que se desvíe de su ideología
como una blasfemia?
¿cómo puedo amar a una madre que es capaz
de destruir intencionalmente
la verdad, el amor y las relaciones?

¿cómo puedo amar a un padre si él no me protege?
¿si es un crimen tener una conexión con él?
¿si adora a sus hijos hombres?
¿si se burla con sarcasmo de la niña
menosprecia brutalmente a su hija adolescente
y abusa de ella sexualmente?

sangro en donde debería haber amor en mi corazón
mientras un ansia devoradora por sentir una relación de amor quema
dolorosamente mi cuerpo

el amor significa degradación
desesperanza
dependencia
dolor

el amor era una pesadilla
no tenía experiencias de amor
no tenía la menor idea de lo que se trataba el amor

seguía patrones ciegamente destructivos
—impregnados desde el principio de mi vida—
sobre el amor

como piedad ciega y lealtad incondicional
como dependencia devota y adoración obediente
como servilismo sumiso

patrones que pagaba a través de la negación de sí misma

10
la niña —un campo de batalla—

la niña —un campo de batalla—

las viejas batallas siguen y sigue la lucha
en el campo de batalla de la niña
yo soy el campo de batalla de dichas viejas lidias

simbolizo un dios poderoso
que anhela con ansias locas la aprobación incondicional
cuando los ojos de mis padres buscan los míos
con la ansiedad desesperada de dos niños
que no conocen el amor —y— anhelan —recibirlo de mí—

simbolizo el antiguo enemigo
que evoca recuerdos del pasado de mis padres
toda suerte de sentimientos
que no podían vivir con sus propios padres
—reviven en mí— sentimientos enterrados
de ansiedad y desesperación
de odio y de venganza —de represalias e ira incontrolable—
pueden por fin salir y ser descargados
sin miedo y con una conciencia clara

la impotencia de la niñez
transformada en poder ilimitado a través de la paternidad

simbolizo un oponente peligroso
cuyas diferencias no pueden ser toleradas
acciones punitivas —miradas furiosas— culpas y juicios
invaden y ocupan la mente y el alma de la niña
cada mirada de reproche me condena —aún siendo adulta—
—años más tarde— regreso de nuevo a la vieja sumisión

también represento un espejo en donde mis padres necesitan ver
reflejos hermosos de ellos mismos
de ofrecerles la vivencia del orgullo y la gloria

soy la redentora que tiene que satisfacer sus ansias
de reconocimiento —cuando la visión interna de mis padres
regresa con el tiempo con desesperación—
¿soy la más hermosa ante sus ojos, madre, padre?

en el campo de batalla de las viejas batallas
me convierto en una marioneta impotente entre mis padres
en la mente de mi madre soy su posesión al igual que su rival
con comentarios denigrantes, ella pone trabas a las relaciones
envía el mensaje *—no debes amar a los demás—*
—es un error amar a los demás— tan sólo debes amarme a mí
la niña aprende a esconder sus sentimientos de amor
incluso hacia ella misma

la batalla final
el estallido devastador en el campo de batalla de la niña
su adorado padre seduce la adolescente para que sea su amante
la convierte en la intrusa en el matrimonio de sus padres

la niña es aplastada en el campo de batalla —ya no queda nada
de ella— excepto la convicción de ser una ramera indigna
un monstruo de pecado que trajo el desastre hacia ella misma

llena de una culpa insoportable y de vergüenza abrasadora
la niña se desvanece en el campo de batalla

sólo quedan partes de su ser, esparcidas y rotas
estas diversas identidades tratan de correr su vida
de la mejor manera
la batalla ha penetrado en la niña; lo que pueden lograr
esos estados de combate en su mente es
luchar con las mejores estrategias de supervivencia
no puede organizar el caos en su interior
con su poderoso control sobre ella y sobre su vida

su verdadero Ser no puede ayudarla
era la víctima del campo de batalla
—no había nadie para ayudarla a reivindicarse—

ejército de creyentes

ustedes, mis padres, son soldados de un ejército de fanáticos
que quieren exorcizar el demonio de contradicción
de la niña —quieren vencer y callar
al enemigo— con ideas y verdades distintas

no puedo expresar mi verdad
si estoy triste, escucho —*compórtate*—
cuando expreso mi amor —*deja esas ridiculeces*—
me va bien en la escuela y estoy orgullosa —*no te vanaglories*—
tengo una opinión —*quién crees que eres*—

"confórmate" es la orden —primero mi madre comienza
este pleito— en mi adolescencia mi padre asume
el mando del ejército e impone su ideología

la víctima que bloquea el sendero del ejército con la verdad
es atacada con reproches —combatida con fanática crueldad—
torturada con culpa y aislamiento

este ejército marcha sólidamente detrás de las creencias
de sus líderes —sólo una creencia verdadera puede existir
para este ejército— la de los padres —esta creencia une al ejército—

veo este ejército marchando hacia mí, listo para atacar
me hago a un lado —huyo de ellos—

estos soldados avanzan fanáticamente —siguiendo
su creencia— están tan ocupados creyendo que no me ven
no me extrañarán en su ejército
a ellos no les gustan los no creyentes

espero hasta que hayan pasado
—y tras ellos— descubro la vida

lavado cerebral

invadieron mi mente con venganza
como si ésta fuera suya —de su posesión única y exclusiva—

sus creencias toman el control
del cerebro dependiente e impotente de la niña
tal como si fuera su derecho incuestionable de residir en él
ustedes creen que yo debo ver el mundo a través de sus ojos
creen que debo estar de acuerdo con ustedes

mi cerebro —receptor maleable de sus órdenes y creencias—

no quieren saber lo que reside en mi mente —quieren que sea
una creyente devota de cada una de sus palabras—
profundamente han incrustado en mí
que sus enemigos sean los míos
que debo odiar a aquellos que ustedes odian
que debo ver con arrogancia y por debajo
a aquellos que no poseen “la creencia correcta”

no me están enseñando a ver o a pensar por mí misma
me están obligando a creer
me están enseñando a no amar, a juzgar y a condenar

¿por qué quieren que las mentiras
ocupen mi cerebro y confundan mi mente?
¿cómo puedo distinguir entre la realidad y la falsedad
cuando para ustedes es un pecado
exponer la mentira y vivir en la verdad?

ustedes son mis padres —mi amor por ustedes es el amor
de una niña— incondicional —que todo perdona y todo comprende—

qué poder tan inimaginable tienen sobre mi mente

atrapada

experimentar amor por un amante me hacía sentir atrapada
como si no hubiera salida —como si estuviera clavada—
en un lugar sin espacio para mí
donde no soy bienvenida —pero tampoco se me permite partir—
cuando solía experimentar amor
sentía que me estaba sofocando
como si no pudiera respirar
como si alguien más se llevara todo mi aire
sin dejar nada para mí

abandonada en manos de distintas enfermeras
—tres en mi primer año de vida—
mi vida con mis padres había sido una trampa
una mezcla devastadora de sentirme poco importante e indigna
de ser tratada sin respeto

la niña dependía para su supervivencia
de dos enemigos impredecibles
llamados crueldad y humillación "por tu propio bien"

"amar" había significado
estar en peligro
sufrir sin dignidad ni derechos
siempre estar en alerta máxima
atenta a la siguiente catástrofe

la niña había aprendido a temer al amor
como un juego traicionero y engañoso
en el cual ella nunca confiaría

la obediencia, el miedo y la sumisión
significaban amor para la niña
sentirse atrapada y anhelar la libertad estaban atados al amor

cuánto deseé salir de esa casa
de esa clase de "amor"
de esa oscuridad impenetrable e inalterable

cuánto anhelaba ser libre

lo que yo asumía como amor
me mantenía encadenada a mis padres
quienes habían convertido mi introducción al amor
en una pesadilla del infierno

cuando la mujer adulta comprendió su destino
dejó todo atrás
encontró relaciones
donde la verdad y el cariño sí importaban
la amabilidad, la franqueza y la honestidad
eran apreciadas

y donde la intimidad
la verdad
y la vitalidad
eran bienvenidas

no hay lugar para mí

en un océano de miedo —rugiente y salvaje—
tiento impacientemente hasta encontrar una isla de amor

en mi lucha desesperada por la supervivencia busco un regazo
donde me sostengan
la protección
la calidez
la tranquilidad
y la bondad
donde me pueda sentir en casa
experimentar comprensión y paz
un lugar para mí
—mi lugar—

pero a mi alrededor sólo hay caos
hordas de gente
—más y más hermanos y hermanas—
me persiguen
me reemplazan

el cazador está tocando su cruel cuerno para la batalla
para ganar la divisa del amor
la mayor negación gana la sonrisa más grande
este alto precio se paga sin vacilación
tan sólo para poder alcanzar
de alguna manera
los endiosados padres

trato al máximo
de luchar con empeño por sobrevivir
esta cacería despiadada y humillante
pero las hordas de hermanos y hermanas

están siempre a mis talones
ellos también tratan de sobrevivir este juego mortal
y me hacen a un lado

lucho amargamente
con mezquindad
por encontrar un lugar para mí
usando cualquier arma miserable
cualquier truco que se me ocurra
aniquilando mi honestidad, mi integridad, mi verdad

sin embargo, de alguna manera
soy consciente de lo que estoy haciendo
desprecio en lo que me estoy convirtiendo
me odio por lo que soy capaz de hacer
a fin de encontrar
lo que no se me había otorgado
lo que no logro encontrar
—mi lugar—

11
extinguir una mujer

"No obstante el pre-feminismo, un prejuicio freudiano erotizó el incesto como una fantasía de la víctima, mientras que el prejuicio social lo describió como una inmoralidad de los pobres. De hecho, parte de la razón de Freud por abandonar su interés en el abuso sexual de los niños fue la hostilidad de la sociedad contra la idea de que muchos de los abusadores eran patriarcas sólidos de las clases media y alta, sin mencionar la posibilidad de la renuencia de Freud a creerlo de su propia infancia."

"También sabemos que cuanto más grande sea el desequilibrio de poder —entre los géneros como en otra parte— tanto mayor es el abuso. En las familias en donde los hombres son los capitanes de la industria y las finanzas en el mundo exterior, las diferencias internas de poder entre hombres y mujeres son extremas, y el sentido del hombre de ser capaz de no obrar mal es a menudo mayor que en otro lado. También lo es la renuencia a intervenir de las autoridades. Más aún, los niños están más propensos a estar aislados, a ser atendidos por sirvientes quienes tal vez podrían traspasar su propio abuso o exteriorizar un resentimiento hacia la misma riqueza. Muchos observadores creen que el abuso sexual es MÁS prevalente entre familias con riqueza y con poder ancestral que en la población general —y yo estoy de acuerdo—."

Gloria Steinem, "La Masculinización de la Riqueza," *Yendo Mas Allá de las Palabras: Edad, Ira, Sexo, Poder, Dinero, Músculos: Rompiendo las Barreras del Género*

"Lo que Steinem ha llegado a comprender… fue cómo intensamente muchas mujeres ricas han interiorizado su papel asignado en las familias paternalistas y patriarcales; cuán profundamente son incapaces, en términos generales, de cuestionar, y mucho menos de cambiar sus papeles subordinados; cuán poco dinero, aparte de las tarjetas de crédito, tienen ellas actualmente en su poder para gastar; y por encima de todo; cuán propensas están a haber sido abusadas y atacadas sexualmente en su infancia dentro de sus familias, donde la diferencia entre mujeres y hombres era a menudo más grande que en las familias de clase media o baja."

Carolyn G. Heilbrun, *La Educación de una Mujer: La Vida de Gloria Steinem*

visitando de nuevo el Queen Mary
—en la escena del crimen—

Los Ángeles, abril 2001

para Earl

he regresado de nuevo a la habitación en donde mi padre
manipuló mi amor por él, explotó mi obediencia
y me violó

mi mente guardó la memoria de este crimen lejos de mi
durante treinta y tres años —para salvar mi cordura—

llevada por su padre en una jornada de un sueño emocionante
la adolescente de dieciséis años —orgullosa y exuberante—
pensó que era un milagro tener a su padre tan sólo para ella
viajaron desde Europa a los Estados Unidos
en un gran barco llamado Queen Mary
en donde compartieron una cabina

en esta cabina he encendido una vela

he regresado a la escena del crimen
treinta y cinco años más tarde
con cuatro cartas que he escrito
para enfrentar este aterrador lugar
con un pájaro esculpido de la oficina de mi terapeuta
con pañuelos faciales, una vela
papel, una pluma y una caja vacía
y con un hombre que me ama a mi lado

el pájaro es mi símbolo para mi espíritu
éste estaba aprisionado en esta cabina
durante todos estos años

tuve que dejarlo en este barco atrás
porque mi padre me lo arrebató aquí en esta habitación

la jornada para reclamar mi espíritu ha sido larga y difícil
como un explorador que viaja
dentro de una jungla impenetrable y temible
y encuentra aventuras aterrorizantes y obstáculos peligrosos
he viajado dentro de mi mente, alma y cuerpo
para llegar a la verdad
para encontrar mi historia y las causas de mi sufrimiento

ayer leí sumida en llanto cuatro cartas en esta habitación
una para mi padre —una para mi madre—
una para la Bárbara de dieciséis años que confiaba en su padre
una para el hombre a mi lado
que acogía mi búsqueda de la verdad

hoy coloco estas cartas en la caja vacía para llevarlas a casa
ellas son la expresión de mi voz silenciada
de mi espíritu perdido
con quienes estoy reunida en esta habitación

la escena del crimen es ahora una habitación vacía
la vela brillando en la mesa
estoy sentada en la cama
—en donde mi vida y mi mente perdieron su dirección y su poder—
—en donde mi propio padre me arrebató lo
que su presencia en mi vida había preservado
durante tanto tiempo—
mi conexión con la vida

derramo lágrimas por una vida que no pudo ser realizada
agradezco a aquellos
que me ayudaron a enfrentar y a soportar la verdad

la magia envenenada de una promesa monstruosa
—guardada fielmente
durante todos aquellos años por una niña tan leal—

y la maldición de un crimen malvado
con consecuencias devastadoras
ha sido rota
el poder de un demoníaco maleficio
el cual oscureció mi alma y mi mente
se ha aminorado

la vida es mía ahora —para vivir—

acojo y le doy la bienvenida a mi espíritu
apasionado, inquisitivo, pensante, valiente y audaz
me alegro de la jornada que ahora podemos hacer juntos

unidos podemos escuchar la vocación de mi vida
dejar atrás al demonio y a la oscuridad
y seguir y realizar mi destino

tres tipos de mujeres

cuánto anhelaba dejar atrás tu mundo deshonesto y cobarde
y el estado mental limitado y arrogante de los de tu clase

tu arrogancia masculina tenía un concepto incomprensible
de la mujer
a la cual dividías en tres categorías:
las que no tocas
con las que tienes sexo
y con las que te casas

lleno de ti y de tu loca ideología
me advertiste de estos "tres tipos de mujeres"
con una voz siniestra, una y otra vez
fanáticamente determinado para cerciorarte de que yo permaneciera
en el "buen camino" que me llevaría al matrimonio

tú clasificabas las mujeres por la clase del sexo que ofrecieran
sexo pagado —o sexo no pagado— o sexo marital
esto determinaba en tu mente el destino y el valor de una mujer
cómo te atreves a encontrar
sólo tres definiciones en la vida de una mujer

a mis cuarenta y tantos años y divorciada
exhibí una serie de autorretratos
en una clase de fotografía a la que asistí
bajo una foto había escrito tu maldición —quería exorcizarla—
preguntas de la clase: *¿en cuál tipo de mujer te has convertido?*

como adolescente
tenía que escuchar tu sermón varias veces al año
me envolvías con ferocidad regular
como una inundación, año tras año

ponías tu dedo en la sien cuando trataba de hablar contigo
aún tenía que escuchar cortésmente
la mierda de tu mente estrecha
la cual predicabas como un dogma eterno igual que un Papa

cuánto te odiaba —cuánto te despreciaba—
renuncié a comunicarme contigo —un hombre—
que ignoraba mi vida a tal punto
que ni siquiera se molestó en asistir a mi graduación
donde realicé una brillante presentación de piano

¿por qué era tan importante para ti
programar esta maldición en mi interior?
aprendí a amarte y a confiar en ti
tu maldición me invadió
a pesar de mi resentimiento
se apoderó de mi mente y me controló
        especialmente después de que me fornicaste
        y tuve que dudar
        en qué clase de mujer me había convertido
este hecho me convirtió en tu cautiva
ejecutó su poder destructivo
como una semilla secreta plantada en mi interior
que crecía en un tirano interno
que gobernada mi percepción personal y mi vida
según tus planes —sin que yo estuviera consciente de ello—

cuántos años estuve impotente ante tu maldición
cuánto tiempo permanecí a la merced de tus mentiras

a mis cuarenta y tantos años dejé atrás con furia a la buena hija
como una serpiente abandona su antigua e inútil piel
qué impacto sentí al reconocer que había tratado
durante tanto tiempo y con tanta fuerza
de ajustarme en una piel
que tú habías diseñado y me habías hecho usar
cuando nunca
fue mía

no más atada a la coerción
de adorar la ilusión de un padre benévolo
me he librado de la tiranía de tu maldición

he encontrado otra clase de mujer —la mujer liberada—
su vida puede ser lo que ella desee que sea
consagrada a cualquier profesión
a cualquier cosa y persona a quien ella quiera dedicarse
incluso a ella misma

reclamo mi poder
dedico mi vida a cultivar mi verdadero Ser
y los verdaderos Seres de aquellos a quienes amo y conozco
consagro mi vida a superar
los silencios
en mi interior y a mi alrededor

ceguera y manipulación

"inválido pero libre,
estuve ciego todo el tiempo aprendiendo a ver"
The Grateful Dead

cuando tenía dieciséis años
un joven entró en la vida de la adolescente
callada y gentilmente, pero también con determinación
quería construir una verdadera relación con ella

aunque él vivía muy lejos
venía casi cada fin de semana en su bicicleta para verla
caminaban por los bosques
hablando sin cesar
tomados de las manos y sintiéndose mutuamente
encontraron lugares y tiempo para compartir su incipiente amor

su padre nunca lo saludaba —su padre lo ignoraba—
nunca lo invitó a pasar a nuestra sala
lo llamaba el novio de su hija
su "amigo de cocina"

después de dos años
en los que la relación amorosa había crecido
vino otro hombre que quería salir con ella
cuando éste vino para la primera cita —entró en la sala—
en donde se sentó y habló con su padre
quien lo recibió como a un príncipe
desde su primera visita

ella estaba tan ciega que no veía ni captaba nada
se sentía halagada —y quería salir de esa casa tan oscura—
lejos de los tiranos
dónde no se sentía en su hogar

la hija no podía darse cuenta conscientemente
de que su padre prefería al hombre mayor y más acaudalado
no podía ver a su padre como a un egoísta mentiroso
inconsciente de la vil manipulación
de la que estaba siendo víctima
no podía imaginarse que su padre tan sólo estaba interesado
en dinero y reputación

ella no podía admitir
que tan sólo era como una de las hijas
para mostrar
—como las vacas en el mercado—
que debía ser explotada
al casarla con uno de los postores más prometedores

era inimaginable para esta hija reconocer
que no era nada más que un medio que su padre usaba
para decorarse a sí mismo y a su familia
con el nombre importante de este hombre —y con su riqueza—

el recuerdo del incesto
y de todo el tormento y la desesperación internos
fueron reprimidos en su conciencia

ella no sabía cuánto anhelaba escaparse y dejar atrás su miseria
de este drama escondido, el matrimonio le parecía una salida una
oportunidad de salvación
una promesa de sentirse libre de esa maldición de menosprecio

partir y vivir por su cuenta no era una opción
su caos interno temía las separaciones

su padre ignoraba al hombre que la reconocía y la amaba
una relación en donde el amor había brotado
en su lugar
"el ideal"
          el que se conformaba con los valores del padre

el que le ofrecía al padre lo que buscaba
al que le fue otorgado el permiso de casarse
entró en la sala en donde el verdadero amor no era bien recibido

---

a los cuarenta y cinco años
ella conoció un hombre que disfrutaba de su forma de ser
que deseaba construir una relación cariñosa
también venía de un entorno "inapropiado"
tampoco él hubiera sido bienvenido en esa sala

y fue sólo entonces cuando ella comprendió
cómo era que había sido víctima
de las manipulaciones de su padre

determinada a reclamar la vida y el amor
ella lo invitó a **su** sala
y a **su** vida

padre, inescrupuloso

padre —inescrupuloso, padre cruel—
lanzaste a tu propia hija en medio de un torbellino
de ansiedad y culpa
en el cual la adolescente se ahogaba y desaparecía
incapaz de resurgir

padre —sin conciencia—
usaste a tu hija como a una amante
como a una ramera sin paga
tu crimen le asestó a la confianza en mí misma el último golpe

padre —cuánto te adoraba—
qué confianza tan incondicional y completa te profesaba
mientras que tú escindías mi mente en la confusión
y en el odio por mí misma
no pude odiarte por lo que me hiciste

padre —irresponsable— padre brutal
desilusionaste y traicionaste a tu hija más allá de la imaginación
condenaste a tu leal hija al silencio
mientras seguías
tu vida monstruosa de mentiras y deshonestidad

padre, padre hipócrita —no puedo vivir una mentira como tú—
soy incapaz de tal engaño
el olvido me salvó de volverme loca

padre —padre inescrupuloso—
me despido de ti —y de mis ilusiones—
que me permitían creer en un padre amoroso y protector

padre —sin conciencia— padre brutal
esta es mi despedida

tu traición es un crimen que nunca expiaste
—pero se ha convertido en la fuente de mi rebeldía—
en la base de mi liberación y de mi jornada apasionada

padre —falso mentiroso—
ahora camino en un sendero diferente
mi rebeldía honra la verdad y sirve a la vida

dejo atrás un legado diferente:
este libro
y una vida de protesta y dignidad
que ha superado tu crimen

12
nunca de mi lado

la emperatriz

escrito en Alemania en 1985

la emperatriz ha ascendido al trono una vez más
le anuncia a su súbdita
en vista de que ya no me cuidas
esperaba que al menos cuidaras a mi esposo viejo y débil
tu padre

detrás de esas palabras visibles está el mensaje
no haces lo suficiente por mí
eres una mala súbdita
ya no me regocijo en ti
te condeno —no vives según mis expectativas—

la súbdita está atónita
en el Reich de la emperatriz la súbdita no existe
como ser humano —con el derecho de ser ella misma—

en este reino un súbdito no es sino un ente sin vida
de quien se espera que sirva y cumpla
las órdenes de la emperatriz

este ente sin vida
luchaba por sobrevivir uno de los años más dolorosos
trataba de encontrar una vida en el viejo mundo
y exploraba la posibilidad de vivir de alguna manera
en el reino de su madre

la súbdita promete dejar el reino
hay lugares en el mundo
en donde uno no tiene que vivir como súbdito y emperatriz

allí es donde quiero vivir

en mi contra

es el día que cumplo mis cuarenta años
he dejado mi matrimonio

hoy he viajado sola de Florida a Chicago
pero hay una tormenta de nieve
el avión es desviado a Milwaukee
cuando nos detenemos veo desde mi ventana aviones en fila
pero no hay una terminal a la vista
estamos aislados en medio de la nada

mis ojos se quedan clavados en la puerta del avión
que no se abre
nunca había sentido claustrofobia —pero en este momento
me embarga con vehemencia y venganza—
estoy sobrecogida por la angustia
quiero salir de aquí —debo salir de aquí—

siento un terrible dolor de cabeza
y una presión horrible tortura mi cuello

tomo mi pluma y cuaderno y escribo
los sentimientos abrumándome
se despliegan en el papel ante mí
y hay tan sólo un evento que los ata
—mi propio nacimiento— yo fui la primogénita
—mi parto fue muy largo—
anestesiada
mi madre no podía ayudarme a salir

me dí cuenta que me sentí atascada en el canal del parto
durante horas
como contracciones interminables
me empujaban dolorosamente hacia mi madre

mi hogar durante nueve meses se había convertido en un torno

cuando claramente entiendo lo que la niña había sufrido
mi protesta se levanta —contra la inhumanidad—
por haber nacido sin la ayuda de mi madre
contra los doctores que me abandonaron
al hacerla incapaz de empujarme
contra los padres que permiten que eso suceda

el bebé es abandonado por un sistema médico cruel y frío
el cuerpo de su madre se ha convertido en su enemigo

los gritos del bebé brotan —*debo salir de aquí— déjenme salir*
no puedo soportar estar atascada aquí
bajo un dolor tan insoportable
aterrorizada, encerrada, atrapada

escribo durante dos horas hasta que la claustrofobia desaparece
el miedo regresa tan sólo cuando el piloto miente
anuncia que estaremos en la puerta en media hora
pero una hora después estamos todavía ahí afuera, esperando

estamos atrapados durante cinco horas en el avión
en medio de la nada
ni siquiera puedo hacer una llamada telefónica
para cancelar mi propia fiesta de cumpleaños

aterrorizado el bebé lucha por salir y sobrevivir
mientras que el cuerpo de su madre y el sistema médico
luchan
en su contra

desde este angustioso comienzo de vida deriva
—impreso muy en lo profundo de cada una de sus células—
el sentimiento más difícil y aterrador
estás en mi contra —la vida está en mi contra—

lo que comenzó como una impresión puramente física
—la primera experiencia dolorosa del cuerpo—
—cuando llegó a este mundo—
fue reforzado con mayor fuerza y profundidad
con cada regaño, con cada ataque y con cada golpiza

este miedo cambió desde el nivel puramente físico
a través del abuso físico, verbal, emocional y mental
a un muro demasiado poderoso
—el cuerpo de mi madre— el ser de mi madre
los dos actúan de maneras hostiles, peligrosas y crueles
contra mi cuerpo y mi vida
contra mí

al aclarar mi mente y abrir mis ojos
mi mente tiene que aceptar
lo que mi cuerpo y mis emociones habían sabido siempre

mi madre está en mi contra
esa era la realidad y la verdad inevitable
de mi relación con mi madre

el matorral en la selva oscura

hace mucho tiempo —acababa de comenzar mi terapia—
le escribí una carta a mi madre explicándole
que había comenzado terapia

temía decir que tuve problemas
temiendo herirla se lo dije de manera concreta
y adornado con muchas cosas buenas sobre mí y sobre mi vida
cosas que la complacerían
su respuesta me hizo ver con claridad
que tendría que ir sola por este camino

me atreví a responderle expresando cómo me sentía
que había un abismo entre las dos
y luego escribí de nuevo
muchas cosas buenas sobre mí y sobre mi vida

el abismo estaba siempre ahí
—sintiendo un miedo mortal de mi madre—
la veía como una niña y sabía *—nunca sería como tú—*
y sin embargo —eras mi madre— tu mente era mi universo
tus creencias se convirtieron en mi religión
tal como fui entrenada y programada fundamentalmente
para creer en ti y seguirte

mi padre enfocó su atención en sus varones, Hotto desapareció
y entonces tan solo quedabas tú el único ser
a quien yo parecía importarle

¿por qué temía tanto herirte?
¿por qué te protegía tanto?
¿por qué siempre estaba preocupada por ti —y no por mí misma—?
¿por qué nunca te molestaba causarme dolor?

estaba atrapada bajo un montón de ramas y árboles
que me sepultaban y me envolvían
en una tormenta aterradora de persecución sin tregua

estaba perdida en medio de un bosque
en donde había una oscuridad eterna
en donde no encontraba la salida
el matorral estaba intrincado
por la culpa, el reproche, la hostilidad y el odio
y la luz del amor no podía entrar en la selva de tu mundo oscuro
o penetrar el matorral de tus creencias destructoras
que me mantuvieron envuelta durante tanto tiempo

un día una amiga me preguntó: *¿por qué sufres?*
en un instante supe la respuesta claramente
y tan sólo al expresar en voz alta
lo que hasta ese momento no me atrevía ni a pensar
cambió profundamente mi vida —*sufro a causa de mi madre*—
sufro porque mi madre me ocasionó dolor
trató de silenciarme y extinguirme
con reproches cada vez que la veía
ese día decidí dejar el matorral y la selva

de repente pude ver que se trataba del matorral de mi madre
no del mío
y lo único que tenía que hacer era —arrastrarme lejos de él—
pasar por debajo, escaparme, levantarme y salir de la selva
y así lo hice

al alejarme cada vez más
mis ojos comenzaban a ver
mi alma comenzaba a cantar
mi corazón comenzaba a abrirse
mi mente comenzaba a reconocer la verdad —y se expandía—
para ver la realidad claramente

y de repente estaba libre para caminar hacia la luz
libre para vivir

decir la verdad sana

escrito en 2002

tenía dieciocho años y cinco meses
cuando le dije a mi madre que estaba comprometida
mientras caminábamos
hacia el restaurante favorito de la familia en la playa
me respondió: *cuando hables con tu padre*
no le digas "estoy comprometida"
tienes que preguntarle —me harías el favor
de dejarme comprometer—

todavía me veo caminando por el puerto con mi padre
—cómo me gustaba el puerto— los barcos —el mar—
cuando le dije que estaba comprometida su respuesta fue
ya has besado antes a alguien
tú sabes cual es el gran amor de tu vida

el fin de semana siguiente mi prometido llegó a la isla
a pedir mi mano formalmente
tal como mis padres se lo habían exigido

mis padres le pidieron que se quedara a dormir
al día siguiente dijeron: *eres demasiado joven*
pero lo aprobamos
puedes casarte con él —tan sólo espera unos meses para la boda—

esos meses fueron muy difíciles y dolorosos
llenos de ansiedad, insomnio, drogas —el accidente—
poco tiempo después antes de la boda
mi madre me preguntó un día: *¿no será que no te sientes bien*
porque no quieres casarte con este hombre?

te aseguraste de decir algo, madre
para no asumir ninguna responsabilidad por este matrimonio

lo cual era obviamente un problema desde el comienzo
tu pregunta fue demasiado —demasiado tardía—
cubrías tus apariencias, creabas una coartada
para salir de todo esto sin reproche
porque habías dicho algo —por lo menos en una ocasión—
pero con tu pregunta ni siquiera rozaste la superficie del témpano
de hielo del desespero que había construido en mi interior

tu pregunta no deseaba una respuesta
tan solo quería cubrir tus apariencias
la verdad no era tu prioridad

años más tarde —yo tenía casi cincuenta—
la cicatriz de la histerectomía permaneció por años
una costra infectada, oscura y fea
llamada por mi acupunturista "la cicatriz de la ira"

hasta que te envié mi carta y te dije, a ti, mi madre, la verdad

después de eso la cicatriz se sanó de forma dramática
cada mes desaparecía un poco más su costra oscura

pretendías que yo había mentido sobre mi padre
y me recriminaste que hablar era plata pero callar era oro
pero eso no es la verdad —expresarse hace relucir el oro—
—el oro de la salud y la cordura— porque mi cuerpo se sanó
después de decirte la verdad, a ti, mi propia madre

fue lo más temible que hice en mi vida
estaba tan acostumbrada a tratarte de forma maternal
mientras me habían enseñado a ignorar
mi necesidad de tener a mi madre a mi lado
escuchándome, creyendo en mí, apoyándome

la oscuridad de la cicatriz ha desaparecido
convirtiéndose en una línea delgada y clara

y la oscuridad ha partido de mi vida

¿me hubieras apoyado?

yo quería salir de tu casa fría y oscura de silencio
llena de mentiras y de rechazo
en donde no habitaban la comprensión ni la compasión

el hombre con quien me había comprometido
no era el apropiado para mí
pero me ahogaba en ansiedad
y no tenía contacto con mi Ser

¿por qué no sugeriste una terapia para tu niña de dieciocho años
llena de ansiedad —que no podía conciliar el sueño—?
¿cómo pudiste permitir que me anestesiaran y reprimieran
con Librium y fuertes pastillas para dormir?

qué habrías dicho y hecho si yo te hubiera dicho
estoy confundida y dolida
porque mi padre me violó a los dieciséis años
trastornó mi mente
no quería herirte
he temido demasiado decírtelo

he querido alejarme de aquí desde hace mucho tiempo
        y el matrimonio me parecía la única salida
tengo miedo de no poder lograrlo por mí misma
        no tengo confianza en mí
        las separaciones me aterrorizan

veo a este hombre como mi única salida
pero no puedo conectarme con él
emocional, mental, física o espiritualmente

me hubieras abrazado y apoyado, madre
me hubieras dicho

qué crimen tan terrible te han infligido
estoy tan triste de que no hayas tenido a nadie con quien hablar
de que hubieras estado sumergida
en un abismo de desespero y confusión
de que no pudieras confiar en mí
para escucharte y creerte
ayudarte y protegerte
aún si eso hubiera significado dejar mi matrimonio

---

cuando finalmente tuve el coraje de decirte la verdad
no escuché
estoy terriblemente apenada por lo que sufriste
porque necesitaste años de terapia para lidiar con este trauma
me apena que tuvieras miedo de mi
y que no pudiera estar ahí para ti durante todos estos años
pero estoy aquí para ti ahora —quiero marcar una diferencia—
quiero ser una madre distinta

no, no escuché esas palabras

¿ves? —te lo dije—

en tu presencia jamás me atreví
a hablar con honestidad sobre mí y mi vida
pero una vez cuando era una joven
—con tan sólo unos años de casada—
te dije que me casé tan joven
porque quería alejarme de la casa

nunca olvidaré cómo me miraste
si las miradas pudieran matar
tus ojos me habrían asesinado en ese mismo momento y lugar

tan sólo tolerabas la visión gloriosa de la familia perfecta
tú callabas la verdad con tal de lograrlo
sin vacilación ni remordimiento, una y otra vez

los problemas y las enfermedades
no hacían aflorar en ti la maternidad
más bien las palabras me golpeaban como un látigo
ves —te lo dije—
compórtate
¡quién crees que eres!
¡que niña tan mala eres!
¿estás loca?
eres una histérica —sólo imaginando cosas—

tu crueldad sin piedad me desgarraba el alma
me hacía sentir abandonada y mala

mi dolor y mis problemas
se convertían en catástrofes insuperables
y me dejaban derrotada
por un fracaso

una sola vía a la piedad

mi dolor y necesidades, mis problemas y preocupaciones
no podían existir
nuestra relación sólo se trataba de ti, madre
no podía hablarte de mi desespero —tú no deseabas oírlo—

como un disco rayado que no cesaba de girar
en el mismo ciclo desesperado
nuestra relación estaba consumida por tus necesidades
mientras que mis necesidades eran consideradas
impertinencia y descaro
y mis problemas eran azotados

tus brazos nunca me acogieron —no me consolaste—
tus palabras y tus acciones
no trataron de comprender y apoyarme
tus juicios mordaces y tus reproches
destruyeron mi confianza en mí misma
me empujaste hasta el fondo en una soledad inconcebible
sin nadie de mi lado —pero tú esperabas y exigías
que yo estuviera incondicionalmente de **tu** lado— siempre

entrenada para sentir piedad infinita hacia ti
sentía pena tan sólo por ti
nunca por mí misma —toda la compasión era hacia ti—
una mujer consumida por la lástima infinita hacia sí misma
trataba al máximo de comprenderte y excusarte
trabajaba duro —por no ser un problema para ti—
por no necesitar tu apoyo y tu ayuda

nuestra relación estaba llena de tu sufrimiento
el mío no tenía ningún valor
no tenía derecho a existir, a ser escuchado ni cambiado
en esta relación inversa de madre e hija

no había espacio para mis ruegos
lo que quería expresarte —te rehusabas a escucharlo—
querías que mintiera —y hasta me pedías que mintiera por ti—

la verdad no podía ni puede sobrevivir entre nosotras
nuestra relación terminó en silencio

caída de gracia

escrito en México, 2003

nena —caída de gracia—
durante nueve meses fuiste amamantada y cargada
por tu madre —habías mirado dentro de los ojos de tu madre—
cuán confiada y segura te sentías durante esos
momentos preciosos —cuán amada te sentías
en los brazos de tu madre—

aunque te lactaban siguiendo un estricto horario —al menos—
tu hambre de contacto humano
era saciada unas pocas veces al día
mientras te sentías segura y en tu hogar
en los brazos de tu madre

pero después de nueve meses terminó la lactancia
tu madre se levantó
tenía cosas más importantes que hacer ahora
que cargar a un bebé —ya tenía seis meses de embarazo—
pronto llegaría un nuevo bebé

tú, la primogénita, caíste del regazo de tu madre
—tirada, convertida en una carga caída de gracia—
abandonada en el suelo —nunca más encontraste consuelo
en los brazos de tu madre—

luchaste con fuerza para colmar sus expectativas
—pero nunca fue suficiente—
tu madre le dio una patada al bulto en el suelo
con críticas y palabras soeces —con palizas y castigos—

al ir naciendo más y más hijos
la mayor era alejada cada vez más y más
tenía que llegar a ser más y más “razonable” y “modesta”

la nena, caída de gracia, grita
¿por qué estoy aquí?
¿por qué no puedo estar de nuevo en tus brazos?
¿qué he hecho de malo que no puedes cargarme, amarme
que no te importan mis lágrimas, mi dolor, mis gritos?

¿por qué no me ves
abandonada, solitaria, sufriendo?

te amo
quiero estar contigo

13
buscando la conexión

niña mendiga

necesito pertenecer a algún lugar
mi corazón quiere estar contigo todo el tiempo
quiero ser parte de ti —siempre—
necesito sentirme importante para ti
para que pueda tener sentido
y vivir

estoy parada al frente de tu puerta —una mendiga—
estudio tu rostro para descifrar su expresión
¿me estás sonriendo?
¿me amas?

una y otra vez la mendiga acude a la puerta
buscando desesperadamente una sonrisa
una pequeña migaja de amor

si la mendiga recibe un centavo
se aleja tan sólo para regresar
e intentar de nuevo el humillante juego

la necesidad de amor de la niña es vital, esencial
e infinita

hombre pobre, hombre rico —pidiendo limosna—
niña impotente, adulto poderoso —suplicando amor—

tres abrazos

no puedo recordar a mi madre abrazándome
en su presencia mi cuerpo se llenaba de temor
se llegaba a paralizar
no me gustaba cómo olía —a algo mórbido como muerta—
nos besábamos con rigidez en las mejillas para saludarnos
manteniendo una distancia distintiva y formal

recuerdo también la misma formalidad distante
para saludar y despedir a mi padre
él un hombre muy alto
que se agachaba para dejar que uno besara su mejilla

sé que Hotto me permitía la cercanía y me abrazaba
y hay tres abrazos que recuerdo de mi padre
el primero sucedió después del accidente automovilístico
cuando mi padre vino y me tomó en sus brazos
—sin reproches—
simplemente me abrazó y me protegió
—lloro al recordarlo—

en mi primera boda
declamó poemas que había escrito para mí
mientras mostraba fotos de mi infancia
comenzó a llorar, luego, yo también lloré
—y nos abrazamos—

el tercero que recuerdo sucedió cuando traté
justo antes de regresar a Alemania
de hablar sobre mi vida
de manera más sincera y abierta con mis padres
mi madre se ponía más y más hostil y me atacaba
mientras él decía: *pero querida*
la niña sólo necesita hablar y desahogarse

en ese momento comencé a llorar
y mi padre me abrazó y me consoló

mientras mi madre abandonaba la habitación

cuando dejé su casa
comencé a llorar
y lloré durante la noche
pensamientos de suicidio me atormentaban al darme cuenta
que jamás tendría una relación abierta y honesta con mis padres

sin respuesta

tenía casi treinta años cuando le dije a mi padre
cuánto me había gustado practicar música con él
su respuesta fue
pero no podías cantar tan bien como tu tía Mausi

---

después de renunciar a estudiar música
mi madre me dijo que yo hubiera podido ser
una buena acompañante
¿alguna vez percibiste
con qué intensidad fue marcada mi infancia
por ser una buena acompañante de mis padres
mientras luchaba sola a través del caos y la oscuridad?

---

mi hermano les dio a mis padres
una entrevista que hice con Alice Miller
publicada en un periódico alemán "Psicología de Hoy"
su respuesta fue el silencio

meses más tarde me atreví a preguntarle a mi padre
si la había leído
su respuesta fue: *tú no puedes haberlo hecho*
no sabes lo suficiente acerca del "tema"

una amiga me preguntó:
¿por qué dijo eso?
no había pensado acerca de eso
pero sabía la respuesta espontáneamente: *envidia, era envidia*

él había escrito mucho
pero nunca había sido publicado

---

treinta años de edad, abracé a mi madre y le dije
te amo
—pero ella no me abrazó—
se sentó a mi lado como una roca
una lágrima salió de su ojo
mientras me acusaba y me reprochaba
nunca te perdonaré por haberme abandonado
cuando más te necesitaba

yo no tenía idea a qué se refería
¿sería que cuando comencé mi terapia
me ocupe de mi Ser y de la tragedia de mi vida
y entonces ya no era la primogénita perfecta?

---

yo había escrito un ensayo, "Enfrentando un Muro de Silencio"
en referencia a cómo descubrí en terapia
y a través de una clase que tomé
llamada "Encontrando el Holocausto"
parte del pasado de mi familia
y de lo que eso había significado para mí y para mi vida

fue publicado por Alan y Naomi Berger en su libro
"Voces de la Segunda Generación"

lo traduje al alemán para mi madre
ella quería leerlo
su respuesta fue
el silencio

todo terminó

sus cartas son mi posesión más preciada —las escondo
cuidadosamente— en la parte de atrás de un cajón
largo y angosto de mi escritorio
las leo secretamente —sé que tengo que esconder este amor—

pero un día llego a casa de la escuela
y me encuentro las cartas de Jan tiradas en donde no pertenecen
en mi mesita de noche al lado de mi cama
la ansiedad aflora a mis células y fluye por mi cuerpo
la esperanza irracional me calma
quizás nuestra mucama las encontró

luego mi madre me pide que vaya a su habitación
quiere hablar conmigo —ahora sé quién encontró las cartas—

apenas puedo caminar cuando entro en su habitación
mis piernas se sienten pesadas como el plomo
como si no pudieran transportarme dentro de este lugar
el antiguo y muy bien conocido terror se apodera de mí
mi sangre se congela
me siento paralizada y como si me fuera a desmayar

dejo mi mente y mi Ser detrás de su puerta
—así como las dejé fuera de la cabina del barco también—
el soldadito de plomo entra y enfrenta este problema
olvidé su regaño pero recuerdo
que tuve que escribir a Jan una carta para decirle
que "todo" había terminado —le escribí la carta el mismo día—

esa Navidad mi padre me regaló un libro
se trataba de una obra de teatro
de un juicio contra un hombre llamado Oppenheimer
llamado el "padre de la bomba atómica"

la cual él había ayudado a desarrollar
mi padre había escrito una cita en la cubierta del libro
en estos días nosotros los científicos hemos dado un paso
hacia el borde de un abismo
hemos descubierto el pecado

me llené de todo el coraje que tenía
fui a donde mi padre a preguntarle
¿por qué escribiste esto? —su respuesta es— *tú sabes*
me llené de más coraje aún
y me atreví a preguntarle nuevamente
¿por qué escribiste esto?
esta vez me dice
lo que tu experimentaste este verano es pecado
me alejo calladamente —en sus ojos—
vi una actitud extrañamente diferente
como de gozo y emoción
que entonces leo como aprobación

nunca más se había hablado una palabra acerca de Jan
entre mis padres y yo
¿qué se imaginaron ellos que sucedió
entre una chica de catorce años y un hombre de veintiocho
durante las dos cortas semanas que pasamos en la isla
ese verano?

me besó y me abrazó unas cuantas veces
tomarme en sus brazos
¿es eso un pecado?

un año más tarde, de regreso a la playa
encuentro de nuevo a Jan
me pregunta: *¿ojos que no ven, corazón que no siente?*
mi boca está sellada
no puedo decirle lo que sucedió
estoy programada para tal fidelidad que debo traicionar
la relación más amorosa, vivaz y alegre que he conocido

lo veo de nuevo cuando estoy comprometida
se pregunta por qué me voy a casar tan joven
tienes tanto talento —qué pena si no lo desarrollas—

una vez más nos encontramos
años más tarde en la isla
me invita a casa de sus padres en las dunas
está divorciado y tiene un hijo pequeño
se sorprende al saber que me gusta
la vida en los Estados Unidos

qué feliz me he sentido cuando nos encontramos en mis sueños

abismo

tres veces he sentido que se derrumba el mundo ante mis pies
tres veces he tambaleado ante el abismo de la traición
sin nada que me sostenga
la caída más y más profunda dentro de un vacío sin final

el ataque asesino de mi madre y su ira violenta
me asustaron a muerte
destruyeron mi confianza en la vida
me tornaron impotente

paralizada por el miedo desde el comienzo

abandonada por mi amada niñera
mi alma atormentada por sentimientos
de estar sin valor
de soledad

privada por incesto
de hacerme mujer y de una vida propia
la traición de mi padre le asesta
el golpe final a mi confianza en mí misma

tres veces la tierra se abrió ante mis pies
el amor y la confianza destruidos

vivo como una sombra de mí misma
tratando de complacer aún más desesperadamente
para ganar de nuevo mi sentido del valor
era la única forma que sabía como sentirme bien conmigo misma

el amor y la confianza
—reemplazados por el miedo y la sumisión—
se convirtieron en pesadillas

septiembre 11 trae de nuevo
esos sentimientos de caer en el abismo
el desespero y las dudas
¿cómo puede seguir la vida?
¿cómo puedo vivir de ahora en adelante
en un mundo que ha estallado en llamas
encendido por el odio?

veo a la gente caer, quemándose —las torres colapsando—
en el periódico me encuentro
con los rostros y los destinos de las víctimas
¿en dónde está el piso bajo mis pies?
de nuevo, caigo
¿cómo puedo confiar en la vida y en el mundo
cuando ocurren tales locuras?

abrazo a la niña traicionada con comprensión y compasión
cargo su destino trágico

así empoderada para regresar al presente con los ojos abiertos
puedo ver ahora

la vida y **mi** vida
revelan su naturaleza preciosa y única

resurjo con mi sendero más claro
mis valores con enfoques más nítidos
mis metas y mis prioridades redefinidas
mi jornada en un curso diferente

debo romper el silencio
debo expresar mi verdad

mis gritos
mi libro y mi Ser
deben vivir

creí que serías mi amigo

después de dieciocho meses acudo a mi última sesión de terapia
antes debo regresar a Alemania
nunca hemos hablado de lo que sucedería
cuando termine la terapia

hablaremos cuando nos encontremos en la calle —cuando él dice
esas palabras— me siento como si la tierra se abriera ante mí
estoy perpleja —no puedo pronunciar ni una palabra—
tan sólo quiero salir de su oficina y no regresar jamás
me pregunta: *¿sucedió algo? ¿qué sucedió?*
apenas logro articular: *creí que serías mi amigo*

ese día experimenté por primera vez en mi vida
cómo se sentía ser traicionada, al llorar por horas
sentí que algo horrible había sucedido con mi padre
lo cual me sobrecogía con sentimientos horribles de culpa
—mucho antes de recordar el incesto—

le tomó muchos años a mi mente reconocer las traiciones
que había sufrido la niña, ellas me abrumaban
con un dolor insoportable
las cuales la niña jamás hubiera soportado
y de las cuales jamás se hubiera resignado

---

te amaba y confiaba en ti, Hotto
como a una madre
creía que me amabas y que yo te importaba
creí que yo era importante para ti

pero me dejaste y no regresaste a verme
contigo era como estar
con un terapeuta —cuando se acabó el salario—

la relación terminó
creí que serías mi amiga

Vatti, confiaba en ti y te amaba incondicionalmente
eras mi modelo a seguir —atesoraba tu amor por la vida—
me sentía cerca de ti y creía que yo te importaba
pero en el Queen Mary el amor y la confianza terminaron
creí que serías mi amigo

---

te gustaban los libros, los escritores
y los intelectos estimulantes, Mutti

convencida de que mi mente y mis ideas te interesaban
creí que te emocionaría conocer mis cambios
estaba segura de que le darías la bienvenida a mi liberación
y a mis escritos
pero te diste la vuelta y me abandonaste

sin ti a mi lado
una misión de vida que yo vi tan iluminada e importante
parecía una revancha mezquina y personal
alimentada por la venganza
de nuevo dejé de escribir y de expresar mi voz
ante el temor de ser vista como un monstruo
que no puede perdonar y que desea hacer sufrir a su madre

me tomó otros veinte años
llegar a confiar en mi Ser y en mi voz
valorar mi vida y mi creatividad
y apreciar mi originalidad

con tu apoyo
mi voz y mi libro hubieran vivido por mucho tiempo
tu apoyo le hubiera brindado un poder único y destacado
creí que serías mi amiga

14
abandonada

tu mano

escrito en Alemania, 1988

dame tu mano
quiero sostenerla
apretarla contra mí
quiero que tu mano sienta mis lágrimas
y mi infinito anhelo

quiero sostener tu mano
necesito estar sostenida
estar connectada

quiero pertenecerte
debo sentirme en casa

necesito un vínculo
de mí hacia ti
mi origen
mi puente de vida
mi cordel de esperanza

tu mano —el único y último sostén al borde del abismo—
antes de la caída dentro de la nada

pero tú me soltaste la mano
yo no podía sostenerme de ella

desesperadamente estiraba
mi mano
se fue abajo conmigo

la novia

tenía dieciocho años
comprometida para casarme en tres meses
cuando se apoderó de mi la ansiedad
tomó mi sueño mientras me obsesionaba
con lo que me sucedería después de morir
desesperadamente leía la biblia y cualquier otro libro
que pudiera encontrar
sobre la muerte y el morir

dos semanas en este caos fui a ver a nuestro doctor
me prescribió tranquilizantes y píldoras para dormir
me dijo que todo estaría bien una vez que me casara
y que podría conducir mi automóvil
pero no debería tomar
más de una copa de vino

cuando llegué a casa
mis padres querían hablar conmigo
nos sentamos en la habitación de mi madre
habían notado que me sucedía algo malo
mi padre fue quien habló
mi madre permanecía en silencio

les dije de la ansiedad y del insomnio
de mi visita al doctor
mi padre me dijo que él había experimentado una crisis similar
cuando se comprometió con mi madre
sentí alivio
porque ahora lo que yo experimentaba parecía menos aterrador
no como una indicación de que me estaba volviendo loca
lo cual temía que me estuviera sucediendo

nadie nunca mencionó la terapia
era un verdadero tabú en mi lugar de origen

mi única preocupación era no ser un problema
así que tomé las píldoras

drogada severamente durante meses creí que ya estaba bien

por fuera estaba sonriente y aparentemente era una novia feliz
por dentro un caos que había tratado de hacer erupción
hervía en el volcán de mi cuerpo
cubierta por drogas y abnegada

el accidente de automóvil

dieciocho años y drogada, comprometida, confusa
conduje mi auto un día no lejos de la casa de mis padres
estaba oscureciendo y bajé una colina en una curva
cuando de repente vi
una figura oscura saliendo detrás de varios autos estacionados
y caminando directo hacia la calle

salió de un bosque para cruzar la calle
donde casi no se veía un antiguo cruce de peatones
traté de evitar al hombre con el abrigo oscuro
y el sombrero oscuro
giré el volante a la izquierda
siquiera para tratar de esquivarlo
él nunca miró hacia arriba
él nunca me miró
pero de repente comenzó a correr
y corrió directo hacia mi auto

pisé mis frenos
me detuve frente a un árbol, salí y volví corriendo
hacia donde había ocurrido el accidente
no vi al hombre
por un momento desesperadamente creí
que no había sucedido
pero entonces al dar la vuelta descubrí horrorizada
al hombre que yacía al lado de mi auto

corrí hasta la casa al lado de la calle
toqué el timbre —unas personas abrieron la puerta—
yo gritaba lo que había sucedido
las personas me hicieron pasar

entonces, todo lo que recuerdo es a mi padre llegando

me abrazó y me sostuvo en sus brazos
y yo lloro y lloro y lloro mientras estoy escribiendo esto

un policía se me acerca para preguntarme
mi padre dice: *no puede hacerle preguntas ahora*
está conmocionada
recuerdo claramente todo esto

desde el momento en que regresé a casa
no tengo más recuerdos
excepto al tercer día cuando mi prometido vino a visitarme
aún puedo sentirlo recostándose a mi lado
abrazándome mientras me decía que el viejo había muerto

en terapia el primer dolor impactante surgió
cuando sentí cuanta soledad insoportable había vivido
sola en mi habitación durante los días después del accidente

nadie venía para estar conmigo

tirada ahí
me sentí como un fracaso desastroso
como un monstruo, un leproso, un desterrado
la obra maestra había fracasado
estaba abandonada y desterrada

un poco más tarde
el paso peatonal fue pintado clara y visiblemente
pusieron un semáforo en la escena del crimen
en donde ahora los peatones presionan un botón
para cruzar la calle

en la corte fue un asunto importante
el lugar en donde golpeé al hombre
en relación con el cruce peatonal
pero yo no sabía —ni nadie podía descubrir—
si había sucedido sobre o cerca del cruce peatonal

me sentí responsable por su muerte
sin importar donde hubiera sucedido

la multa que tuve que pagar no llegó a aliviar
mis fuertes sentimientos de culpa y responsabilidad

mi afligida alma llegó a estar convencida
de que esto era la devastadora confirmación final
de que algo terrible **sucedía** conmigo
de que yo **estaba** mal y **hacía** todo mal

hacía un mes que tenía mi licencia de conducir
cuando eso ocurrió
me preocupaba que las drogas y mi falta de experiencia
hubieran causado el accidente
la culpa me abrumó aún más
cuando una amiga me dijo que había sido toda mi culpa
porque había tomado un poco de vino con ella esa tarde

la culpa se convirtió
en una llama de dolor que me quemaba por dentro

culpa falsa versus culpa verdadera

la gran fiesta de bodas quedó cancelada
la boda se cambió por una pequeña cena
dos meses después de que ocurriera el accidente
poco tiempo antes mis padres me llevaron de vacaciones
recuerdo que algunas veces en la tarde me sentaba
a llorar por algún tiempo —luego me iba a la cama a dormir—

no recuerdo haber hablado del accidente con nadie
hasta que en terapia un día
me sentía abrumada por pensamientos poderosos
que me asustaban —así que los bloqueaba—
mi terapeuta me preguntó: *¿qué sucedió?*
y yo dije: *mi accidente de auto salió a relucir*
y sentí que me iba a desmayar

nunca olvidaré su respuesta
esta es una oportunidad preciosa para realizar nuestro trabajo
estas son pepitas de oro

me pude perdonar por el accidente
sólo treinta y cuatro años más tarde
una crisis similar de un ser querido lo sacó a flote

esta vez pude apoyar con mi amor y mi compasión
a la chica de dieciocho años
solitaria
que agonizaba y se condenaba

es una carga que cambia tu vida
ser responsable
de la muerte de otro ser humano

me hizo sentir como un paria de la comunidad de humanos
marcó mi vida profundamente

reforzó de manera poderosa
mi búsqueda y mi determinación de trabajar en terapia
de superar mi ansiedad
y jamás volver a estar a merced de las drogas

por momentos he pensado que era capaz
de reconocer y dejar atrás la culpa falsa
inculcada en mi interior
porque yo incurrí en una verdadera culpa

ya no estoy sola

la soledad brotó como mi primera memoria dolorosa
a comienzos de mi terapia
dormida durante años había estado esperando
bajo la superficie de una fachada sonriente
para salir a flote

en terapia recordaba esos años después del accidente
sin apoyo de mi familia
adormecida por las drogas, en silencio y aislada

no podía llorar o experimentar mis emociones
sin el apoyo de un testigo compasivo
para quien mi sufrimiento fuera real y verdadero

no podía sentir tanto dolor por mí misma
y sobrevivir el reproche y la desconfianza abrumadores

después de experimentar esta soledad le dije a mi terapeuta
hasta ahora mi vida parece
como si yo hubiera estado al frente de un cuadro
en donde todos en mi familia me dicen
este es rojo —este es hermoso— tu vida familiar fue maravillosa

pero para mí este cuadro siempre ha lucido negro y sombrío

ahora que lo has visto conmigo
y confirmado que en realidad sí es negro y sombrío
sé que mis percepciones son reales y ya no me siento más sola

---

para mi siguiente sesión le llevé un ramo de flores llenas de color

la traición de la culpa

no más culpa, no más —suficiente— ya basta
la maldición de culpa envenenó mi alma y mi vida
el peso de la culpa me ha desviado y deformado
la cargué conmigo durante demasiado tiempo
te devuelvo la mentira más grande que yo había alimentado

cuánto logró obsesionarme tu veredicto de culpa
y me convirtió en una cobarde sumisa, temerosa, callada
que creía: *estoy mal y todo lo hago mal*

te creí que yo era una culpable nata
hasta el punto
de que cada
sentimiento, pensamiento, pregunta y necesidad de mí misma
me ahogaban de miedo
arrinconaban mi mente
llena de desesperación
inundaban mi cuerpo con ansiedad

los problemas no significaban nada
mas sí el ataque violento de culpa
sin nadie a mi lado
con mi madre siempre en mi contra

no más culpa, madre, no más —suficiente— ya basta
te creí —cuán culpable me sentí por todos los hijos que tuviste—
y a quienes enjuiciaste de manera atroz
me sentí responsable por tu resentimiento al respecto
me sentí responsable por ti
y por aliviar un destino que tú resentías

me sentí culpable de haber nacido
de existir y tener necesidades

creí que tan sólo era un problema y una carga
pero ya no más, madre

cada paso en que me alejaba de ti
cada sueño que siempre tenía
cada meta que era importante para mí
cada señal de vida en mi interior
cualquier anhelo de amor o compasión
tan sólo incrementaban la enorme culpa que yo cargaba

un día me di cuenta que alguien era responsable
pero no era yo —yo no traje todos esos hijos al mundo—
¿cómo podía ser responsable por las vidas
las decisiones
y las acciones
de mis padres?

fue un punto crucialmente decisivo

al sentirme traicionada y explotada con rabia dolorosa
le devolví la responsabilidad a donde debía estar —a ti—
nunca debería haber reposado en mis hombros
el número de hijos que tuvieron mis padres
estaba fuera de mi control

la triste verdad fue —tú nunca quisiste todos estos hijos—
toda la ayuda y enfermeras y dinero
que tenías
no cambiaron tu ira y tu amargura sobre tu vida

me envidiabas por la afección que los demás tenían por mí
por el amor que me llegaba
me cargabas de culpa por mi naturaleza, mi resplandor
y por la riqueza de mis talentos
pero ya no más culpa, madre, no más —suficiente— basta

abusaste de mi confianza y de mi dependencia
para enseñarme mentiras

para cargarme con la responsabilidad de tu infelicidad
pero ya no más, madre

no podía luchar por mis sueños y mis metas
no podía estar de mi lado porque tú nunca estabas

fue una sorpresa liberadora
ver la verdad
dejar caer la culpa
llegar a hacerme consciente de la realidad de nuestra relación
llevar el vestido de la libertad que me está dando poder
y celebrar la dicha celestial de sentirme sin cargas

suficiente, ya basta
esta culpa tú la implantaste en mí
es falsa
cómo hubiera sido mi vida sin ella

15
perdiendo la razón

¿por qué tengo que creer tanto?

¿por qué tengo que creer?
¿por qué tengo que creer tanto?
¿por qué creer es tan importante para ti?

¿por qué debo creer a mis padres
aunque no digan la verdad?

¿por qué tengo que creer
que mis padres son buenos y su intención es buena
        aunque me aterrorizan y hieren de manera inimaginable?
¿por qué tengo que creer
que soy una niña afortunada y privilegiada
        cuando estoy aterrada y sola y nadie me consuela?
¿por qué tengo que creer
que los problemas existen
        sólo debido a mi pecado y a mi culpa
        mientras que cada una
        de los más elevados en la jerarquía
        es infalible?

¿por qué no puedo confiar en **mis** observaciones
mis sentimientos
mis pensamientos?
¿por qué son desechados como producto de mi imaginación
de mi histeria y excesiva sensibilidad
atacada como contradicción y desobediencia
destruida como presuntuosa, peligrosa y rebelde?

¿por qué debo creer que es malo confiar en mi Ser?
¿por qué debo creer en un Dios a quien no puedo ver?
¿por qué tengo que creer que mi religión es superior?

¿por qué tengo que creer que los judíos son malos

un pueblo perdido
condenado por Dios —fuente de toda maldad—
inculpados de matar a Jesús?
de hecho fue la tiranía Romana
y el cruel despotismo de Poncio Pilatos
quienes mataron no sólo a Jesús
sino a innumerables oponentes
en la cruz

¿por qué tengo que creer que solamente la creencia “correcta”
me garantiza la aceptación y la aprobación de Dios?

¿por qué mi religión me adoctrina
con intolerancia e inhumanidad
y antisemitismo y odio?

sólo los seres humanos pueden inventar un Dios
que condonaría tal arrogancia
o insistiría en tales creencias exclusivas y peligrosas

¿por qué tengo que creer
que sólo una creencia garantiza la salvación?

¿acaso me fue dada la mente para no pensar
y creer ciegamente
o para usarla
          para pensar por mi Ser
                    para cuestionar y reconocer
                              para encontrar la verdad?

---

la niña asesina las preguntas abrumadoras
para las cuales no tiene respuesta

ellas explotan su cerebro
le hacen creer que está perdiendo la razón

la herida desapercibida

reprendida por cualquier paso que tomara por mí misma
luchaba a través del miedo, la persecución, la traición
pero nadie reconocía cuán herida estaba —qué cosas terribles—
le habían sucedido a mi cerebro y a mi salud emocional
qué marcas intelectuales y hemorragia emocional
habían convertido mi vida en una experiencia alarmante

como una tremenda fractura de tobillo que no logra sanarse
mi mente permanecía gravemente herida en mi cuerpo
no me permitía
ser yo misma
no me permitía
caminar y vivir libremente —con confianza y conciencia—

me convirtió en una inválida
programada para conformarme
y someterme de buena voluntad

los síntomas de la conducta de la niña aterrada e intimidada
eran considerados
como la impertinencia de un monstruo desobediente

no había heridas visibles, ni sangre, ni testigos
nadie llamó a un doctor
nadie dijo *—ella sufre— está adolorida y necesita ayuda*
las heridas no fueron tratadas y se enconaban

las heridas obstruyeron mi mente, bloquearon mi pensamiento
restringieron mi libertad y mi independencia
se llevaron mi confianza y mi poder

no podía caminar por la vida
sólo me sujetaba

con rígidos reflejos
lo que había hecho a la niña lucir bien y sentirse segura
aprobación
obediencia
sumisión
soportando el sufrimiento con una sonrisa
el perdón

el vaivén maníaco-depresivo

"como castigo teníamos que quedarnos en las esquinas,
cerca de los botes de basura"

mi hermana

cualquier declaración verdadera y acción espontánea
resultaba ser un grave error
con consecuencias tan horrendas
que nada quedaba de la niña
más que un cadáver desfigurado, sin esperanza
estrujado al lado del bote de la basura

el cadáver viviente está cansado de vivir
agonizando de dolor
se deja caer en el suelo al lado de la basura
se siente inadecuada —incapaz de hacer cualquier cosa bien—
se siente tan indigna como la basura y se pregunta a sí misma
¿por qué habré nacido?

para contrarrestar los sentimientos devastadores
para evitar descender en la depresión
ingenia una estrategia de supervivencia
una fachada, un caparazón
una Bárbara hermosa —perfecta antes los ojos de sus padres—
el orgullo de sus padres

ella da honor y gloria a sus padres y a su familia
brilla para ellos y les permite que la exhiban

cuanto más la alaban y más atención consigue
más se descubre a sí misma
en un extraño estado de exuberancia
se siente elevada y maniática en este estado de admiración
donde se siente especial y cree que es importante

pero este estado es como patinar en una capa delgada de hielo
caer es sólo cuestión de tiempo
hasta que resurjan
su vitalidad y sus sentimientos y sus necesidades
estos se ciernen para causar una recaída
tras la angustia y el desespero

cuando logra llamar la atención y el elogio
cuando se siente exitosa y admirada
flota en su estado maniático
convencida de que puede hacer cualquier cosa —cree
ser una niña perfecta—

cuando cae, la indignidad la devora
y se siente mal e inútil

este vaivén emocional
—creado por el tratamiento de sus padres—
se convierte en una maldición que rige su vida

la mujer adulta todavía se rige por eso y no hace nada más
que buscar las expectativas de los demás
y tratar de imaginar cómo realizarlas, cómo llenarlas

si no recibe lo que espera
desciende en la desesperada auto-acusación y la culpa
si tiene éxito y brilla
consigue un alto estado de ser extremadamente competente

forzada a encontrar esta poción mágica
como una droga que necesita para sobrevivir
se convierte en una reluciente concha vacía
detrás de la cual se asoma
la caída
en la oscuridad de la depresión

el juez que también es acusador

mi boca —lavada con jabón— por no decir "la verdad"
el degradante ritual se llevaba a cabo en el baño de mis padres
donde era arrastrada, mi cabeza inclinada hacia abajo
sostenida sobre el lavamanos
en donde —con jabón y fuerza—
la honestidad y la sinceridad
eran frotadas y torturadas para ser expelidas

la realidad de la niña no contaba como verdad
sino que era considerada como un parásito molesto
para ser exterminada

la niña gasta toda su energía
en sobrevivir una corte eternamente desquiciada
que reinaba en su hogar
y conducía pérfidos interrogatorios con ella

acusada sin cesar, confundida y con el cerebro lavado
se sentía impotente y humillada
frente al juez justiciero y acusatorio
quien —como una persona y haciéndolo todo al mismo tiempo—
la acusaba, la juzgaba, la condenaba y la sentenciaba

no había forma de que la niña saliera de este juego maléfico
no había nadie para defenderla —nadie, mucho menos— **de** su lado

con barbarie sistemática
el juez encontró algo malo en la niña
luego decretó y la castigó con gozo sádico

la niña tenía que confesar cosas que no había hecho
y admitir malos pensamientos que no había tenido

toda la maldad que
—de acuerdo con este juez—
vivía en su interior

se apoderaba de la niña con tal culpa y horror
que su cerebro daba vueltas y vueltas en una rueda loca
que crecía descontroladamente
hasta que la mente de la niña se salía de control
y ya no lograba entender nada
no había salida —ni escape—
nada a que aferrarse

el juez era malicioso
frente a los demás su madre escondía su verdadera naturaleza
su madre era capaz de negar lo que ella había dicho antes
sin dudas, vergüenza ni escrúpulos

cuando su madre pretendía no haber dicho algo
          que la niña había escuchado con claridad
cuando la madre mentía de manera tan obvia
el abismo se convertía en un infierno de locura
en el cual la niña caía
caía
y caía

nada a que aferrarse —nada—

cayendo en la horrenda traición de las mentiras de su madre
la niña experimentaba la realidad
—y entonces a ella misma—
como poco confiable y demente
y perdió su cordura

réquiem por una vida no vivida

me habían enseñado —bienaventurados aquellos que sufren
porque ellos serán consolados—
no, Bárbara, tú no eres bienaventurada ni consolada
a nadie le importan tus heridas o tus sufrimientos
tienes que esconderlos —aún de ti misma—

no había guía para ayudarte a encontrar la salida
la culpa y el reproche eran los maestros
y las únicas respuestas que te daban

cuando intentaste renacer a la vida y ser sincera contigo misma
la herida escondida de tu cerebro lesionado se abrió
causó una ansiedad insoportable en tu cuerpo
y bloqueó tu mente en un torbellino oscuro e infinito

nunca se consideró la terapia
¿quién quiere una niña loca?
¿cómo haría lucir eso a la familia?
las apariencias eran lo único importante

si tu pierna se hubiera fracturado, obtendrías ayuda
pero a nadie le importaban las fracturas de tu cerebro
ser testigo de tu alma lacerada y conocer las razones
tus malos genes, tu locura innata, tu imaginación
tu exagerada sensibilidad —todo ello—
fue atribuido como la razón de tu sufrimiento
pero jamás lo que tus padres te hicieron o lo que ellos creían

tú creías que tu padre era un hombre bueno con integridad
incapaz de hacerte sufrir —o de vivir en la mentira durante años—
un hombre así jamás podría ser tu padre

tu padre estigmatizaba el sexo antes del matrimonio

como un crimen

tú entraste en el barco llena de amor y de alegría de vivir
saliste de ahí devastada y rota
—tan sólo una sombra de lo que eras—
ya no sabías quién eras

ahogada en un remolino de pánico
creías que habías perdido toda tu dignidad
¿en qué te habías convertido?
¿qué clase de mujer eras?
¿quién querría casarse contigo ahora?

tu cerebro escogió la única salida —olvidar—

no, no son bienaventurados
aquellos que están traumatizados y que sufren
no son escuchados ni consolados
muchos están ansiosos por diagnosticarlos y categorizarlos
desde esquizofrenia hasta paranoia
desde neurosis hasta depresión
tan sólo es un intento de esconder y silenciar la verdad

si no podemos encubrir
nuestros cerebros destrozados
lo suficiente
nos abruman los síntomas insoportables
somos declarados criaturas dementes y defectuosas
si nos atrevemos a recordar y a hablar sobre lo que nos hicieron
somos condenados como imperdonables
—y de esa forma nos convierten en culpables otra vez—

no podemos gritar la infamia de los crímenes atroces

no, Bárbara, nunca podrás usar tu mente
como una persona sana
para estudiar, obtener una profesión
un matrimonio y una familia feliz como lo has soñado

tu mente estaba demasiado ocupada
escondiendo la fractura de tu cerebro
controlando el caos que amenazaba con clausurar tu mente
evitando la caída en el abismo devorador

te robaron, de manera monstruosa, los tesoros de la vida

aún cuando un hombre te amaba y quería con sinceridad
y te atreviste a entregarte al amor
cuando tenías cuarenta y tantos años
tu alegría sucumbió a la ansiedad y a la angustia
enamorarse se convirtió
en una valiente batalla para enfrentar al amor traicionado

tus padres silenciaron tu voz, tus pensamientos y tu verdad
llenaron tu alma de terror, extinguieron tu integridad y tu espíritu
entumecieron tu independencia intelectual

canto un réquiem por ti, Bárbara
por una vida que no podías hacer realidad
por las familias y las relaciones que perdiste
por la insoportable soledad de tu jornada

canto un réquiem por los silencios que te impusieron
por tu aislamiento y tu soledad desesperanzados, sin salida

canto un réquiem para expresar tu duelo y tu pena
los cuales nadie reconoció ni consoló

mi réquiem llegaba a ser tu canción de libertad
tu partida hacia la verdad
te tomo de la mano
tú brillante y talentosa adolescente de dieciséis años
traicionada de forma tan inconmensurable

te tomo de la mano
grito contigo por tu dolor tan terriblemente justificado
tu infamia más comprensible

para que finalmente puedan vivir

le ofrezco apoyo a tu mano para que pueda expresarse
a través de la escritura
tus pensamientos y sentimientos

te redimo del abismo del silencio, aislamiento y soledad
en los cuales estabas abandonada y perdida

tomo tu mano
y cantando juntas salimos de la oscuridad
rompemos el silencio
caminamos hacia la vida
decimos la verdad

estás salvada

tu vida comienza
aunque demasiado tarde para muchas cosas
todavía a tiempo para apreciar tu mente y tu esencia única
para dejar tu rastro en la vida

estoy a tu lado
para ayudarte a hacer visible la huella inolvidable de tu vida

16
sin valor

pantano de no tener valor

veo a una niña atrapada en un pantano de mensajes
que le gritan que no tiene valor

insultos y palabras devastadoras exudan sobre ella
y la cubren como lodo
sofocándola, está luchando por cada suspiro estrangulado
desesperadamente quiere probar su valor
y obtener cualquier señal de aprobación
soy buena —soy obediente— merezco tu amor
grita su alma

escucho sus gritos ahogados y me extiendo hacia ella
toma mi mano —la halo hacia fuera—
permanecimos allí mirando hacia atrás
nos echaron una maldición final
escuchamos las palabras —*imperdonable, malagradecida*—

osamos escapar de aquellos
que creen que el pantano debería existir

al escuchar sus acusaciones y reproches, mi espíritu dice
llévate a esta niña para siempre de este lugar
donde su voz es sofocada y su llanto es ahogado

nos giramos hacia el sol y caminamos sobre tierra firme en la luz
y sabemos exactamente porqué algunas personas
pierden su cordura
no pueden escapar del lodazal de la culpa y el reproche

he salvado a esta niña torturada —la llevo en mis brazos—
le revelo la verdad

nunca debemos regresar al pantano

sombras

sombras oscuras cubren mi vida —sin estar consciente de ellas—
me considero una persona razonable
y muy afortunada —con padres ricos y esposo rico—

las sombras hablan —la ansiedad se expande—
silencia a la persona que se porta tan bien
le priva de su sueño en la noche
le calla la boca cuando necesita hablar
bloquea su alegría de interactuar con los demás
destruye su habilidad de desempeñarse como pianista

la ansiedad lanza una sombra que inmoviliza su vida

ella decide dejar los tranquilizantes y la ceguera
está determinada a ignorar todas las razones
uno no debería hacer terapia —ella quiere respuestas—

la ansiedad encubre experiencias oscuras
reprimidas para poder sobrevivir en su familia

la ansiedad esconde los gritos de una mujer
que se aferra a sus creencias
de que no tiene nada de qué quejarse —cuán privilegiada es—
cuán malcriada es por no sentirse agradecida

pero la riqueza la separa y la aísla como una sentencia a prisión
de la cual desea, pero no logra, escaparse

excluidos tras muros enormes a los niños
—rodeados de riquezas— se les hacía sentir sin valor
mientras que un mensaje tácito y poderoso se les inculcaba
prueba tu valor adquiriendo riquezas
o casándote con personas ricas

un hijo varón es un dios

escrito en Alemania, 1988

nací como uno de los intentos de tener un hijo varón
qué despreciada me sentí después de que nació mi hermano
creí que algo debía estar mal conmigo
porque no tenía colgando entre mis piernas
esa cosa tan importante y apreciada
que convertía a mi hermano en el dios de mi padre y abuelo
que le daba atención y poder que yo no podía ni soñar pretender
que le concedía derechos inaccesibles para mí

escondida muy dentro de mí
vivía una rabia intensa por esa "pequeña diferencia"
por esta loca injusticia que excluía a las mujeres de mi origen
para actuar libremente y para tener una profesión

impotente, degradada, desesperada, llena de odio
el alma de la niña quemaba su preciosa fuerza vital
mientras aprendía a sucumbir
para ser un miembro de la casta más baja

tenías una puerta de madera especial en la isla, padre
en donde
solamente
los nombres de los miembros masculinos de tu familia
eran grabados
como si una mujer
nunca hubiera cruzado ese umbral
como si la existencia
de los miembros femeninos de la familia fuera insignificante

traté de ser impetuosa y fuerte como un chico
cuánto deseaba ser un chico
jugaba fútbol con los chicos, me caía a menudo

las rodillas me sangraron en innumerables ocasiones
pero nada funcionada
mi carencia me dejaba sin valor

esta cosa especial
daba dinero y poder
influencia y estatus
autos más grandes y más derechos
grados universitarios y profesiones
la libertad de viajar y escaparse
y por encima de todo
el derecho de gobernar de manera poderosa y autoritaria
sobre toda la familia

sin valor

Hotto, mi adorada niñera
¿qué significa para ti el amor?
¿por qué nunca volviste a verme?
vivimos juntas como madre e hija durante años
abandonada la niña grita
¿por qué ya no significo nada para ti?
¿por qué no soy importante para ti?
yo te amo
¿no me amas también?

y concluye
mi vida no marca una diferencia
algo está malo conmigo —no tengo valor—

¿madre, por qué solo me encuentras culpable?
¿por qué siempre encuentras algo malo en mí?
demasiado estridente —demasiado feliz— demasiado triste
demasiado inquisitiva —demasiado insolente— demasiado difícil
demasiado egoísta —demasiado tonta— demasiado desobediente
demasiado esto —y demasiado lo otro—
demasiado directa —demasiado exuberante—

me entregaste a las enfermeras —me abandonaste por meses—
me gritaste como un dragón que respira fuego
y me golpeaste

¿cómo puedo convencerte de que no soy malvada de nacimiento
sino más bien un ser humano valioso?

¿padre, qué precio y qué valor tiene mi vida para ti
para un hombre que desprecia a las mujeres

con desdén inimaginable?
en tu mente yo pertenezco a una casta inferior
¿por qué para ti una mujer sólo se define
como un objeto de sexo?
¿qué sucede entonces
con las acciones —trabajar— pensar —escribir—
soy tu hija
impotente a la merced ante tu lavado de cerebro

mírame padre
soy un ser humano con un cerebro y con talentos también

---

la niña no pudo superar el estigma de su devaluación
no importaba cuán duro trataba de probar su valor
a aquellos que la rodeaban

17
¿quién es mi padre?

¿qué hiciste en la guerra?

recuerdo fotos de mi padre —en uniforme—
al lado de sus compañeros de guerra
algunos de ellos trabajaron para él después de la guerra
lealmente devotos hacia él

en la casa él guardaba una motocicleta y en la costa un bote
siempre estaba listo para partir “en caso de que llegaran los rusos”
se compró refugios en Canadá y Argentina
nunca pude ni siquiera pensar en preguntar
¿por qué tendrías que huir?
¿por qué los rusos vendrían por ti?
yo creía que todos los padres tenían motocicletas
y tenían que escapar de los rusos
—la niña pensaba que eso era normal—

para mi examen final de alemán en la escuela, escojo escribir
sobre un poema de mi poeta favorita —Ingeborg Bachman—
antes había disfrutado
escribiendo interpretaciones de sus poemas

el poema del examen trataba de la guerra
luché por horas
al final sabía que reprobaría
terminé llorando porque era incapaz de trabajar con el poema

no tenía idea por qué
lo que nuestros padres habían hecho en la guerra
no era un tema en la escuela o en casa
no hablábamos de eso con nuestros padres
ni de lo que hicieron en la guerra

una vez que comencé mi terapia
este tiempo salió a relucir con tal venganza

que me di cuenta de cuán peligrosos
eran los puntos ciegos que tenía en mi pasado
y cómo las experiencias de mi padre en el ejército de Hitler
fueron cubiertas
por el silencio

al final de su vida mi padre fue un hombre agobiado
su espíritu quebrantado
su pasado lo atrapó
después de un año en un hospital mental regresó a casa
se quedó obsesionado en el silencio
y desapareció en la oscuridad mental

¿quién es mi padre?

durante los primeros dieciocho meses de terapia
a principio de los años ochenta
mi terapeuta trató de investigar sobre mis orígenes
entonces encontró que no había nada sobre mi generación
—los niños de los perpetradores de los crímenes
más abominables de la humanidad—

luego pasó la guerra
aunque sus consecuencias
estaban todavía sepultadas bajo el silencio

solamente unos pocos meses después en la terapia
pasé una noche de terrible insomnio
con la sensación devastadora
de que mi padre —quien había sido
un soldado alemán durante tres años en Rusia—
estuvo involucrado en crímenes contra los judíos
como testigo o participante

aunque no podía soportar estos sentimientos y pensamientos
mi cuerpo y mi mente expresaban muy claro y abrumadoramente
su inconcebible mensaje —y yo tenía que escuchar—

llegué a mi siguiente terapia horrorizada
por primera vez
mi mente consciente se atrevía a hacer las preguntas
¿qué hiciste en la guerra padre?
¿puedo estar orgullosa de ti?

las acciones de mi padre durante la guerra fueron un tabú
la niña enfrentaba un muro insuperable
sin darse cuenta
cuando las conversaciones familiares rondaban

sobre el tema de la guerra
mi madre anunciaba en su inimitable y autoritario estilo
—las experiencias de guerra de tu padre fueron inofensivas—
esta aclaración significaba el fin de dicha conversación

abandonada en la oscuridad
la mente de la niña se desespera
dividida entre juicios polarizados

se aferra a las buenas experiencias con su padre
como prueba de su bondad —pero siente al mismo tiempo—
que algo está terriblemente mal
¿qué clase de hombre eres, padre?
¿has hecho cosas malvadas?

si su padre había cometido crímenes en contra de la humanidad
¿cómo podría la niña poder aceptar
una verdad
que destrozaría las bases de su existencia?

era **no tener conocimiento**
esto la confundía con incertidumbre y miedo
erradicaba su confianza en ella misma
sus percepciones
su juicio

cuando la mujer adulta experimentó el amor
esta niña atormentada hizo aparecer las preguntas
¿quién eres padre?
¿eres una persona malvada o buena?
¿puedo confiar en ti?
pero no había respuesta
ella cerró sus ojos a las discrepancias
y las mentiras a su alrededor

la mujer adulta no podía confiar
y evitaba
el amor

no respiraba con claridad moral
no podía encontrarla a su alrededor
no fue permitida su conciencia para desarrollarse y formarse

luché durante años —aterrorizada—
de que la gente en quien yo confiaba
me mintiera

era incapaz
de hacer preguntas que me traerían respuestas
para enfrentar la verdad
y ver y juzgar a la gente con realismo
sobre todo —a mis padres—

durante una crisis de vida
la niña expresaba su agonía
como yo lloraba y lloraba
ella revelaba como su mente estaba perdida en lo oscuro
donde gritaba sin cesar
padre, mi padre adorado, ¿quién eres?

pero los muros de la oscura habitación
sólo retornaban el eco de sus propios gritos
quedó casi demente en esa oscuridad desesperada
no había luz

arrogancia

una vez le pregunté a mi padre cómo era la guerra
horrible —respondió— *lo peor era ser responsable*
de la vida y muerte de otros seres humanos
también le pregunté
qué se sentía servir a un monstruo como Hitler
dijo: *fue tan devastador —jamás puedes imaginarlo—*

un buen amigo de mi padre, que vive en el extranjero
me contó sobre sus muchas conversaciones con mi padre
hasta tarde en la noche
pero él no pudo lograr que mi padre hablara sobre la guerra
este hombre estaba seguro
tu padre estaba ocultando lo que hizo en la guerra

¿qué pensaba y sentía mi padre —el soldado—?
¿qué hizo? ¿cuál era su papel?
¿con qué sentimientos y pensamientos entró en la armada
que mataba a voluntad en la Alemania Nazi de Hitler?

este ejército fue responsable de terminar con millones
de vidas a quienes llamaban "indignas" —sin valor—
en ese mundo demente
cualquier hombre excepto un hombre fuerte tenía
ningún valor
descendiendo en el rango
desde las mujeres hasta los enemigos extranjeros
las personas "indignas" del este
hasta llegar a más y más grupos "indignos" de seres humanos
llamados "Untermenschen"
hasta el grupo más absolutamente "indigno" —los judíos—

el odio fanático permitía y alentaba las creencias fanáticas
las doctrinas religiosas expandidas echaban la culpa

a los judíos —como los infieles y asesinos de Jesús—
el viejo odio enjaulado podía anexarse a una ideología religiosa
que tenía la aprobación de todo

este ejército nunca se rebeló
contra el hecho de convertirse en máquinas asesinas
prefería servir a monstruos y a criminales
para asesinar y exterminar ciegamente
para expandir la muerte como una plaga
nunca cuestionando a aquellos en el poder
a aquellos por encima en la jerarquía

en este sistema uno se doblegaba en sumisión
ante aquellos más poderosos o más ricos
con mayor rango o estatus
y arrollaba con arrogancia repulsiva
a aquellos que consideraban —inferiores— "allá abajo"

empapado con inhumanidad inmoral
este sistema dio autoridad a monstruos sádicos latentes
sepultados dentro de seres aparentemente normales
insospechados
para que salieran y ejecutaran con libertad
todo tipo de barbáricas monstruosidades
que ellos pudieran imaginar
y hacer esto sin conciencia, ni escrúpulos
respaldados por las autoridades

en ese infierno los hombres sentían el derecho
de humillar, ridiculizar y avergonzar
manipular, usar, controlar, tiranizar, maltratar, abusar
torturar, asesinar y exterminar
con arrogancia inimaginable
a cualquiera que juzgaran inferior
o sin valor

mi padre fue un perpetrador de ese infierno
esto ha dejado una sombra oscura en mi alma y en mi vida

traicionada

confié en ti incondicionalmente
creí en ti, creí que significabas el bien
creí lo que me decías
—que tenías de corazón el mejor interés para mi—

pero ahora debo reconocer la realidad, desconcertada
inundada de dolor despierto ante la verdad
caigo en estado de conmoción
—tu intención nunca iba de acuerdo con tus palabras—
tus intenciones eran infinitamente
egoístas, abusivas, destructivas

debo ver lo que no puedo soportar ver
no te importo
no te importa mi bienestar
más bien tomaste ventaja sobre mí
explotaste mi dependencia, mi miedo, mi confianza

siento mi cerebro hecho añicos
mi mente arrojada dentro de un abismo de horror
mi mente no puede manejar la realidad de tu traición
no tiene herramientas para comprender tu indiferencia

a ti tan sólo te interesaba lo que servía a tus propósitos
y lo que podías sacar de mí
no puedo creer que me usaste para tus necesidades enfermizas
y me sacrificaste por tus creencias dementes acerca de la vida

cuán inimaginable es que tu te aprovecharas de mí
como si yo no fuera otra cosa más que una ramera
la más barata disponible
ni siquiera tuviste que pagarme

estoy gritando y llorando de pena insoportable
me has traicionado —tú— mi atesorado padre
a quien debo mi sentimiento de estar viva y de ser Yo Misma
quien me ayudó a sobrevivir a una madre cruel

me regía por la niña que te idealizó
ella me dominaba y gobernaba mi ser en el mundo
mi relación con mi padre era maravillosa
—ella decía a todo el mundo—
porque tocábamos música juntos

muy en lo profundo, sin embargo, había
terminado
mi conexión contigo
mi inconsciente sabía
qué tanto había sido traicionada en lo profundo de mi ser

mi mente estalla reconociendo que fuiste capaz
de usar mi confianza con una carencia total de conciencia
que me guiaste sin escrúpulos
dentro de una oscuridad
de la cual no logré salir durante treinta y siete años

mis lágrimas inundan la habitación donde estoy llorando
incontrolablemente
inconteniblemente
durante días

al principio siento como si me ahogara en su arroyo

mientras mis lágrimas revelan la verdad de tu traición
ellas comunican la realidad de tu crimen

al final, esas lágrimas me alejaron de ti para siempre

lejos de la oscuridad
floto en la verdad, la libertad y la vida

un hombre encantador

padre encantador, mágico
el hogar era transformado cuando él estaba alrededor
mi madre era cuidadosa y observaba lo que hacía
me sentía más segura —no le temía—
mi padre disfrutaba la vida —mi madre era amargada y colérica—
cómo me atraía el gran seductor y cómo me hacia adorarlo
cómo me encantaba
y se percataba de ello
su carisma seducía a todos a su alrededor

pero más tarde cuando extendí mis brazos
no encontré ningún centro
nada real
este manipulador y explotador no tenía integridad, ni verdad

abusó de mi amor y de mi confianza
para absorberme dentro de su funesto medio
dentro de una pesadilla de confusión y terror
dentro de un abismo mi mente no podía escapar por sí misma
así que yo negaba y reprimía lo sucedido

al borde de este abismo miro hacia abajo una vez más
le entrego a mi padre su energía seductora
que nublaba mi visión y cerraba mi mente
aquí, padre, tómala de regreso —es tuya— te la regreso
—no la quiero más—
esta es tu energía, padre —no la quiero más—
esta es tu energía, padre —no la quiero más—

al mirar hacia delante
le doy la bienvenida a la honestidad dentro de mi vida
y me alejo
nunca vuelvo a mirar hacia atrás

corto mis ataduras con él

sin ti, padre
he logrado enfrentar la verdad claramente
encontré la fortaleza para reclamar mi vida
y obtuve la sabiduría
para abrazar los valores que tanto anhelaba

Ritzka

estaba de visita en Alemania un año
antes de que mi padre falleciera
mi hermano me pidió que lo viera una vez más
él sentía que era importante —entonces fui—
el incesto aún estaba alejado de mi mente consciente

me habían dicho que mi padre pasaba sus días en cama
con los ojos cerrados
sin contacto con la gente a su alrededor
en oscuridad mental
esperaba por un momento sólo ser testigo de un cadáver
navegando entre la vida y la muerte para morir

pero mi padre abrió sus ojos y me reconoció claramente
mientras yo lloraba y le decía una y otra vez
estoy tan feliz de verte

me respondió —sabía con claridad quién era yo—
le dije que me había casado
con un piloto estadounidense y me dijo "*vaya*"
quería ver una foto de él
entonces corrí hasta mi auto y la traje
quería que tocara el piano para él —y lo hice—

antes de partir le pedí que dijera el nombre especial
que sólo mi padre usaba para mi

con su boca sin dientes me dedicó una gran sonrisa
y dijo: *Ritzka*
y le pedí: *dilo de nuevo*
y lo dijo una vez más con su increíble sonrisa: *Ritzka*

fue el último encuentro con mi padre

tres monos

tres monos permanecían sobre tu escritorio, padre, de frente a ti
y otros tres monos permanecían en el gabinete de la música
al lado de tu escritorio —observándote—

el primer mono se cubría su boca con sus manos
el segundo sus ojos y el tercero sus oídos
uno mantiene su boca callada, el otro no desea ver
y el tercero no desea escuchar

así viviste, padre, en silencio, ciego y sordo
arrastrándote por la vida como un cobarde
sin honestidad ni franqueza
seguiste la autoridad de tu padre y de otras figuras paternales
como si ellos fueran dioses
pero podrías ser un maestro de condescendencia arrogante
hacia aquellos con estatus o poder inferior
las personas que yo conocía se sentían intimidadas
cuando tú contestabas el teléfono
con tu estilo áspero —y colgaban—

no sabías cómo honrar la vida
cerrabas tus ojos y tus oídos —mantenías tu boca cerrada—
te llevaste tu silencio contigo a la tumba

en la casa con los tres monos
el libre pensamiento, la conciencia y la verdad
eran indeseados —y perseguidos como crímenes—

dejo tus convicciones atrás, padre
reclamo el poder de mis propios ojos y oídos
de mis sentidos y talentos —y de mi propia voz—

18
quería ser una escritora

contradicción

yo quería ser una escritora —pero en mi lugar de origen—
un ser humano con sus propios pensamientos y sentimientos
no era deseado

los pensamientos, sentimientos y necesidades propias
que diferían de la opinión dominante
eran estigmatizados por mi madre
como el pecado de contradicción
perseguidos sin tregua —eliminados por un castigo severo—

me convertí en una mentirosa cortés, una "sí-señor" cordial
que estaba de acuerdo con todo y siempre comprendía

una marioneta suspendida de los hilos de sus padres
diciéndoles lo que ellos querían oír

si jamás un pensamiento propio llegaba a mi cerebro
estaba entrenada para asesinarlo

pensar independientemente y sentir libremente
—esas necesidades humanas esenciales—
—y esos derechos humanos básicos—
eran combatidos y destruidos sistemáticamente
como si se hubiera emprendido una gran cruzada —y ganada—
contra el más amenazador poder
contra un enemigo peligroso
contra un disidente hereje y malvado

¿cómo podía una niñita
ser percibida
como un monstruo de tal naturaleza?

el crimen de tener imaginación

yo quería ser poeta —pero los obstáculos
para llegar a pensar y sentir como ser humano—
eran invencibles

hasta la edad de catorce años
compartí una habitación con mis dos hermanas
los niños indeseados y pesados
eran desechados en una habitación oscura
se les enviaba a la cama lo más temprano posible
yaciendo ahí por horas
incapaces de dormir
no se nos permitía hablar o leer
no nos dejaban encender la luz

en este oscuro calabozo
mis hermanas sugerían una palabra
que yo usaba para crear una historia que contarles
más tarde una de mis hermanas me dijo
tus historias me ayudaron a sobrevivir
me brindaron calidez y consuelo
pero cuando el crimen de hablar en la oscuridad
era descubierto
—éramos golpeadas—

las historias no eran permitidas
tres robots silenciosos deben ser criados
no es útil una niña con imaginación
que amaba contar historias

cuando entré a la escuela apenas podía escribir
para Navidad, pedí en una carta un lapicero y un libro

—mis únicos deseos
en esta primera Navidad cuando yo pude escribir—

en la escuela comencé a escribir con alegría y gran deleite
mi madre observaba mis largos ensayos
como fantasías exageradas
llenas de imaginación y caprichos inútiles

con el paso del tiempo dejé de contar historias
en su lugar
llegué a ser una lectora apasionada
interesada en las historias de los demás
pero esto resultó ser otro crimen

las mujeres no pueden escribir

yo quería ser escritora
pero escribir libremente
para mi padre esto fue el crimen de decadencia
los poemas deben rimar y "tener sentido"
no pueden ser "demasiado largos"

cuánto me encantaban los poemas así de adolescente
pero mi padre despreciaba y odiaba
lo que no se ajustaba a sus prejuicios

también despreciaba a las mujeres que anhelaban
pensar por ellas mismas
y estar paradas sobre sus propios pies

mi padre era vanidoso acerca de su visión del mundo
la cual había construido a la edad de dieciocho años
inmensamente orgulloso de que jamás tuvo que cambiarla
lo repetía una y otra vez como un dios ególatra
lo consideraba eternamente válido
y lo mantuvo en ese mismo lugar
con arrogancia estúpida
durante toda su vida

para mí era como si mi padre se balanceara en zancos muy altos
en donde él y su visión del mundo se suspendieran
de manera tan precaria
que se sentía apremiado por destruir sistemáticamente
todo aquello que pudiera alterar su vacilante equilibrio

mi madre había eliminado la contradicción
en la infancia temprana
el temor y el terror producidos en la niña
como resultado

mantenían el orden en su lugar

en mis años de adolescencia fue el turno de mi padre
de reforzar esas órdenes
y erradicar con igual fanatismo
la mente de una mujer brillante y floreciente

me hablaba de manera irrisoria con sarcasmo y burla
señalaba con su dedo índice su sien para indicarle a su hija
que sus pensamientos eran dementes
ni siquiera válidos de ser escuchados

con su tono autoritario
establecía su poder y superioridad

los gestos, las palabras y las acciones de mi padre
hablaban con tal desprecio incesante e inconcebible
y tal odio lleno de condescendencia ciega por las mujeres
que yo evitaba hablar con él

el gobernante de la familia
—así como el filósofo oficial de la familia—
no toleraba contradicción
sus opiniones tenían que ser aceptadas, sus deseos cumplidos
sus órdenes no podían ser cuestionadas
pero tenían que ser ejecutadas
de buen agrado

en una o dos ocasiones le pedí que me leyera versos
que me gustaban
sólo para encontrar sus comentarios llenos de juicio y de ira
escritos con su escritura al estilo alemán gótico antiguo y rígido
al margen de mis amados poemas

en una o dos ocasiones me atreví a contradecirlo
y hasta a gritarle
cuando elevó su voz
para condenar furiosamente

la “basura” que yo estaba leyendo

padre e hija terminaron gritándose
el libro “degenerado” voló hasta un rincón
se comprometió a visitar al maestro
que había colocado “tal basura” al frente de su hija
yo tenía diecisiete años

me había olvidado de esta escena
mi hermana me la recordó

19
sin padres

" Había una carente dimensión en él, una capacidad para sentir que su infancia se había erradicado, permitiéndole no experimentar amor sino sólo substitutos romantizados del amor. Piedad, compasión, simpatía y empatía no fueron parte de su vocabulario emocional."

Gitta Sereny, *Albert Speer: Su Batalla con la Verdad*

niños de Hitler

algunas personas creen que al terminar la guerra
y con la muerte de Hitler
la ideología nazi terminó —pero quedó impresa
de manera indeleble en mis padres—
continuó su poder destructivo
gobernaba la vida familiar —impregnada en las mentes—
y las almas de mis padres

mi madre, nacida en 1925, fue educada
por una madre estricta y cruel
quien era a su vez la hija de una institutriz alemana

formada profundamente
como una adolescente entusiasta de la juventud nazi
criada por creencias dementes
—*dura como cuero, recia como acero Krupp*—
mi madre despreciaba las emociones como histeria
combatía las enfermedades como hipocondrismo
y la vulnerabilidad como el lamento frívolo de los enclenques

mi padre, nacido en 1913, aprendió a seguir y a obedecer
al principio en su familia —luego como soldado de Hitler—
no pudo cuestionar a su padre autoritario, ladino y patriarca
hasta muy tarde en su vida
entrenado para ignorar sus sentimientos
mi padre sentía las emociones
a través de la música, la caza y la naturaleza

despreciaba el miedo
—a pesar de que era un hombre temeroso y embrujado—
        no tenía el valor para enfrentar la realidad y su pasado
—mas creía que matando animales enormes—
        podía probar lo valiente y lo fuerte que era

—pero vivió su vida como un cobarde—
        huyendo siempre de sí mismo, de la verdad y la vida

el deber y la obediencia fueron leyes eternas para mis padres
la hipocresía sumisa llenaba su mundo
el aire de moralidad que yo respiraba consistía
en silencio y deshonestidad
en culpar a las víctimas y excusar al perpetrador

donde yo debería haber tenida un centro moral
desarrollé un vacío

valores perdidos

escrito en 1986

quieren enseñarme
responsabilidad, valores, religión, moral
pero miro su generación y lo que ustedes hicieron
—o dejaron de hacer— cuando Alemania fue la Alemania nazi

lo que quieren enseñarme no impidió crímenes inauditos

sus valores, en realidad, lo hicieron posible
me enseñan
—obediencia y deber— pero hicieron posible esos crímenes
—una cultura que valora sobremanera lo hermoso y estético—
        pero no la verdad y la honestidad
—una religión centrada en la salvación por la creencia correcta—
        lo cual implica que seamos seguidores ciegos
        no seres humanos independientes y libres pensadores
        que confían y siguen su conciencia y su voz interna
—ustedes me trataron con violencia—
        la cual difundió estos crímenes por todas partes
                los cuales llegaron a ser
                        la marca macabra de esta culta nación

me enseñan una oscura y doble moral
sin espacio para los gritos adoloridos de la conciencia humana
donde las personas aprenden a mirar hacia otro lado
y a guardar silencio
de lo contrario, Shoah jamás hubiera sucedido

el fracaso de sus valores me comprueba
que no tienen ningún valor
me preguntan: *¿dónde están tus valores nuevos?*
todavía no lo sé —tan sólo sé—
que no puedo vivir según los suyos

lo que me trasmitieron no ha evitado la ruina de nuestro mundo
la caída de la humanidad
sus valores, su religión, su cultura, su moral
no valen nada para mí
murieron
se consumieron
en esas llamas que quemaron millones de seres humanos
entre ellos un millón y medio de niños

control

madre y padre —controladores de preguntas sobre el pasado—
no me pregunten —ya he superado todo—
pero si ustedes ya lo han superado todo —entonces—
deberían ser capaces de decírmelo y compartirlo
entonces podrían **responder** mis preguntas
explicarme cómo han hecho para superarlo todo
—y sus conclusiones—

pero sus padres tienen la última palabra
ellos no responden preguntas sino que erigen muros
tú no viviste entonces —tú no deberías tener una opinión—
sencillamente no puedes juzgarlo
pero —por favor— díganme ¿—qué estaban pensando—
entonces?
no necesitamos tus preguntas
hicimos lo mejor que pudimos
no teníamos otra opción
pero —por favor— díganme
por qué no les escucho decir:
fue horrible, no puedo olvidar, no puedo comprenderlo
una y otra vez he pensado en eso
nuestra generación carga una culpa
y una responsabilidad insoportables
dejamos una carga severa y terrible para su generación
he encontrado algunas respuestas
y llegado a algunas conclusiones
he realizado cambios en mi vida
me he dedicado a ciertas causas
debido a lo sucedido
debido a lo que he llegado a aprender
necesito llegar a ser parte
del logro de un pequeñísimo cambio

quiero y voy a hacer algo
para que esto jamás vuelva a suceder
nunca jamás
nunca jamás
nunca jamás

ustedes y su generación jamás dijeron algo así
su única respuesta era escabullir mis preguntas
prohibir mis ideas
suprimir mis pensamientos
bloquear mi propio sendero

sin piedad

despiadada es la palabra que viene a mi mente
cuando pienso en ti —sin piedad inyectaste en mí el miedo—
me perseguiste con acusaciones y castigos crueles
y me torturaste con tu odio, madre

sin piedad ni merced me enjuiciabas
sin piedad me condenabas y despreciabas
sin piedad ni merced eran tu silencio y tu hostilidad
sin piedad tu indiferencia y tus expectativas de mí
sin piedad tus exigencias de sometimiento y obediencia
sin piedad tu frialdad —sin merced tu traición a tu hija—
sin piedad tus mentiras y tu engaño —insoportable tu hipocresía—

lo que te importaba era **—qué diría la gente—**
una vez me dijiste
lo valiente que habías sido al tener tu sexto hijo
para que la gente no dijera que habías tenido los otros cinco
sólo para tener un varón
pero la verdad fue —tuvieron todos esos hijos para tener un varón—
qué razón tan triste para traer un hijo a este mundo
sólo para encubrir la verdad

sin piedad era tu resistencia a escucharme, a comprenderme
a tan sólo ver mi punto de vista —respetar mi integridad—
mis sentimientos, mi dignidad, mi humanidad, mis derechos

contigo no pude experimentar
lo que es tener una madre que signifique protección y compasión
honestidad y lealtad, apoyo y cariño, seguridad, hogar

la palabra "madre" no tenía sentido para mí
hasta que rescaté a la niña de tus garras
y yo misma le serví de madre

aceptando la verdad

el primer sueño en mi vida y en mi terapia
sobre mi madre
terminó
mientras me preguntaba qué debía hacer con mi madre
empacada
en una bolsa de basura al frente mío

estaba conmocionada por ese sueño
fui una buena hija
ella no osaría ver su relación con su madre
como un fracaso desastroso

en mi primer sueño con mi padre en mi vida y en terapia

llego a su funeral —cuando miro el féretro—
tan solo veo su cabeza y su torso superior
la parte inferior de la cintura para abajo no está

desde antes
mi inconsciente me había informado con claridad
cómo había terminado nuestra relación para mí
mi padre murió un año antes de que
la memoria del incesto surgiera
yo no asistí a su funeral
en ese momento tenía cuarenta y ocho años

tuve esos sueños sobre mis padres
cuando tenía treinta y tres años
pero me tomó veinte años más
antes de que renunciara a idealizar a mi padre
y de tratar de llegar a mi madre
mucho antes
—en las imágenes y en las metáforas de esos sueños—

mi inconsciente me reveló
mi verdad y la realidad de mi relación con mis padres
mucho antes que fuera capaz de aceptar y vivir con ellas

¿quién vio en mi interior
con tanta claridad y desde tan temprano
la verdad
y me la dijo?
¿quién me reveló en mi interior una realidad
que me llenaba de terror
y que yo no conocía conscientemente?
¿quién vive ahí y sabe —lo que me tomó años entender—?

cuántos, muchos años me tomó llegar a vivir en la verdad

escape

escrito en Chicago, 1992

cuarenta y dos años, he regresado sola a vivir en Chicago
dejé mi matrimonio, mis dos hijos están ahora en la universidad
vivo sola por primera vez en mi vida

una mañana mientras me despierto en mi cama
observo a mi gato practicando un cruel juego con un pájaro
lo atrapa —amenaza su vida—
luego lo deja ir —una y otra vez—

luego el gato trepa a mi cama y se convierte en un hombre
que yace sobre mí, presionándome, sofocándome
estoy aterrorizada
en ese momento siento que ese hombre es real
y que mi vida está en peligro

mientras estoy ahí tendida, temiendo por mi vida
preguntándome qué debo hacer
pasa mucho tiempo —hasta que me doy cuenta—
estoy en casa
tendida con seguridad en mi cama
no hay nadie encima de mí —no hay nadie conmigo—
estoy sola y segura

cuando escribo de inmediato lo que me parecía
como un hecho real
como una alucinación, un sueño en vigilia
me doy cuenta que el gato es mi madre, yo soy el pájaro
el gato se convierte en mi primer esposo
quien con su presencia avasalladora en mi vida
casi me sofoca
había logrado escapar de los dos

lo que hubiera querido haber dicho

escrito en México, 2004

no, padre, no —no me toques— no trates de seducirme
no, padre, no —no te me acerques— mi primera vez
tiene que ser con un hombre escogido por mí
quiero amar con dignidad y belleza
no con el estigma y el terror de estar cometiendo un crimen

no, padre, no —déjame en paz—
quiero consentir con conciencia —quiero una pasión verdadera—
cuando otro ser humano entre en mi cuerpo
cómo te atreves a quitarme esos derechos

no, padre, no —no quiero entregarte mi virginidad—
no me robes mi despertar sexual
no me despojes de la realización sexual en mis años venideros

mi cuerpo es un templo que no puedes abusar ni profanar
mi alma es la chispa divina en mi interior
        que tú no puedes arrojar en la turbulencia y el miedo
mi mente es el activo más precioso en mi vida
        no lo puedes tirar en la noche oscura de la confusión
mi Ser es un don precioso de la vida
        no debes destruir su poder y su confianza

no, padre, no —no quiero despertarme noche tras noche—
acusándome
no quiero que mi mente dé vueltas y vueltas en círculos
atormentándose con desesperadas explicaciones
preguntándose
¿qué está mal en mí —para que esto pudiera suceder—?

no, padre, no —haré lo que sea para evitar—
que lleves a mi hermana en el mismo viaje el próximo año

lejos de casa, sola contigo, también será vulnerable

no, padre, no —te prohíbo que cometas el crimen del incesto—
mi vida te ha sido confiada para protegerme y guiarme
no para la explotación irresponsable y la traición vil

no, padre, no —este es mi cuerpo— no el tuyo
esta es mi vida —no la tuya— no te pertenezco
tengo una vida que quiero vivir
una sexualidad que quiero desarrollar —no enterrar—

no te debo mi cuerpo, mi virginidad, mi vida
son míos y soy yo quien decide lo que voy a hacer con ellos

no soy tu posesión sino tu responsabilidad

no te atrevas
a usar mi amor por ti para cegarme
no te atrevas
a abusar de la obediencia programada en mí
no te atrevas
a entumecer mis defensas
usando tus mentiras seductoras
no te atrevas
a tocarme de mala manera
no te atrevas
a cruzar una frontera sagrada
establecida firmemente
como una ley poderosa por la sociedad

no, padre, no —no quiero que mi alma se ahogue—
en la culpa y la vergüenza
no quiero sumergirme en una pesadilla de reproches y miedos
no quiero tener que pasar por años de terapia
para lograr salir del pantano del aterrador odio hacia mí misma

las incrustaciones caen de mis ojos
estoy conmocionada al ver

lo irresponsable y lo bestia que eres
guardo con ferocidad mi Ser y mi vida contra ti
y no permito que te me acerques
ni vuelvo a confiar en ti jamás
tengo que alejarme de ti —para estar a salvo— tener una vida
para crecer y desarrollarme como un ser humano

me horroriza darme cuenta
de que eres capaz de empujarme en el abismo de la traición
caí y caí por años y años
hasta que el amor me permitió descubrir tu crimen y tu culpa
        me dio poder para liberar mi Ser de la culpa y el reproche
        y para devolver la responsabilidad donde pertenecía
hasta que encontré la fuerza para mirarte a los ojos
y decir al fin
        no, padre, no —no me toques— no te me acerques
        vete
        estoy mejor sin ti

20
capas dolorosas de silencio

silencio insoportable

tu silencio es una noche negra a mi alrededor
la aniquilación de mi existencia, de mi deseo de vivir
de mi amor —una llama ardiente— *mírame, escúchame*
óyeme, adviérteme —te amo—

tu silencio —un calabozo sin luz que me aprisiona—
sola en mi calabozo la noche negra me devora
con una soledad infinita

mis gritos y preguntas —sin respuesta—
no puedo vivir —sin respuesta—
no puedo convertirme en un ser humano —sin respuesta—

he crecido callada —perdido mis palabras—
sólo puedo responder a tu silencio con mi silencio también

cierro la puerta entre nosotros
no puedo soportar el dolor ante tu indiferencia, padre
entonces dejo tu calabozo de la noche negra
para estar con mi madre en su mundo

aunque aquí soy perseguida y torturada
no tengo otra opción —sólo la noche negra de tu silencio—
o el infierno de su persecución y miedo

nunca podría escoger el calabozo de la noche negra
porque ahí no existía la esperanza
no hubiera podido sobrevivir sin esperanza

capas dolorosas de silencio

silencio inexplorado

al principio de mi terapia trabajé con un psicoanalista
los psicoanalistas pueden ser muy callados
mientras esperan que se desarrolle la "transferencia"
—pero algunas veces no sentía deseos de hablar—
cuando los dos callábamos
el silencio entre nosotros me molestaba y confundía
me lastimaba y enfurecía
se convertía en un dolor insoportable
—aullando por dentro como un animal herido a muerte—
quería salir de su consultorio para nunca regresar
entonces
no tenía en absoluto idea
qué papel tan increíblemente poderoso
el silencio había tenido en mi infancia
y a lo largo de mi vida

---

abandonada en silencio

Hotto, mi niñera, mi madre durante seis años, me abandona
desaparece —silenciosamente— en el silencio
la niña no oye nada de nada acerca de la mujer
que ella amaba y necesitaba

a comienzos de la terapia
llevé a mi hijo de doce años a la escuela
esa mañana estaba muy callado
hasta que mi dolor por el silencio insoportable sale a flote

y yo, su madre, lloro y le digo
—con inapropiado desespero y narcisismo sin afecto—
¿por qué estás tan callado? ¿me odias?
mi asombrado hijo responde con calma pero firmeza
no te odio, mamá

los gritos, que debían ser dirigidos
a la gente de nuestro pasado
tienden a surgir destructivamente y con venganza
hacia nuestros propios hijos
yo no soy la excepción
mi grito por haber perdido a mi amada Hotto
surgió no en donde se originó
sino hacia mi hijo

---

silencio recriminatorio

hace mucho tiempo —tenía veintiocho años—
estaba a punto de mudarme
a otro continente con mi primer esposo y nuestros hijos
estaba en la isla despidiéndome de mis padres
la última noche antes de partir, mi padre pone unos discos
de la música de Tchaikovsky
recordando el pasado y hablando conmigo
mi madre permanece en silencio como una roca, toda la noche

cuando me fui a dormir esa noche
sentí cómo una roca pesada en mi interior
había crecido más y más
durante el transcurso de esa noche
hasta que me había llenado y extinguido con la culpa
no hay palabras para describir
lo bien que me sentí al partir al día siguiente

---

proscrita de la familia a través del silencio

una pelea —por dinero— surge entre mi familia y mi primer esposo
me traicionan con el silencio —nadie me dice la verdad—
engañada y mantenida en la oscuridad —por mi madre—
que no desea que un matrimonio se termine
"por cuestiones de dinero"
y por mi esposo cuyo lado oscuro crea caos
durante años me ahogo en la confusión y el dolor
—atrapada entre ellos—
hasta que decido dejar Alemania
y regresar a los Estados Unidos

mi madre exige que la verdad me sea escondida
sin opciones para decidir
por mí misma
si deseo terminar un matrimonio difícil
donde he sufrido por mucho tiempo
un matrimonio que —con el apoyo de mi familia—
hubiera podido dejar
pero en su lugar, mi lealtad se convierte en el campo de batalla

cuando me entero de la verdad
la traición de mi familia me golpea como el choque más grande
que me lastima de manera inimaginable
porque su silencio
me ha empujado hacia el aislamiento y el abandono
destruido mi lealtad, aparecido como reproche
y robado mi confianza, mi familia, mi dignidad y honor

la confianza es la base
bajo la cual deben construirse las relaciones y el amor

incesto —respondido con silencio—

varios años de silencio han transcurrido entre mi familia y yo
cuando mi hermano más joven me visita en Chicago
para reconectarnos
mi madre jamás lo intenta —finalmente le escribo—
para tratar de restablecer contacto con ella
echándome a mí la culpa por los años de silencio
—ella me responde—
y durante algún tiempo intercambiamos correspondencia
durante ese tiempo el recuerdo del incesto sale a relucir

nuestro primer encuentro después de muchos años
tiene lugar el día antes de la boda de mi hijo en un hotel
—no menciono el incesto—

me toma unos meses escribirle una carta
ahí describo mi infancia y le digo lo del incesto
y expreso que mi intención no es culparla
sino compartir la verdad y crear honestidad entre las dos
la honestidad y la sinceridad que necesito para vivir

al principio ella me cree, porque, según lo escribe, ella sabe
que no miento y que no deseo hacerle daño
no me atrevo ni a pensar —atormentada de recelo—
que por primera vez en mi vida siento una madre a mi lado

cuando le pido apoyo para decir a mis hermanos y hermanas
mis sospechas son confirmadas —la puerta que parecía abierta—
se cierra —ahora ella me acusa de mentir—

pero informo a mis hermanos y hermanas y recibo
una carta colérica de mi madre
llena de juicios, acusaciones, condenaciones
y dichos vacíos como *—hablar es plata, pero callar es oro—*

con todo su poderío ahora cierra la puerta estrepitosamente

la veo una vez más en una función familiar al año siguiente
mi madre desea hablar conmigo
hablamos por unos momentos
y me informa
que la malinterpreté
que ella no tiene intenciones de terminar nuestra relación

soy fiel conmigo misma
por primera vez en mi vida cuando le pregunto
¿qué clase de relación podemos tener si debo negar la verdad?

una vez más su respuesta es —y sigue siendo— el silencio

la niña interna sufre grandemente
abandonada por su madre por última vez
cae en el abismo de la traición
se contorsiona en agonía
no desea despedirse
se sigue aferrando a su ilusión
ansía una madre
no puede abandonar la esperanza de construir
amor con su madre

ella cree que
el perdón
le dará la madre que ha ansiado por siempre

la abrazo y la consuelo mientras grita
durante mucho tiempo
de ardiente dolor
¿por qué mi madre no está conmigo —a mi lado—?

llevándola en mis brazos me alejo
hacia la libertad de vivir en la verdad

la maldición del silencio

hace frío en mi familia
un viento helado me empuja lejos
congelada en la soledad y el miedo
huyo de la tormenta de la hostilidad

exiliada, tiemblo en el desierto del aislamiento —la familia cierra
su puerta contra un monstruo— proscrita como una leprosa
que quiere vivir su vida

la familia sacrifica la niña
para servir a los dioses de las buenas apariencias
en cuya sombra la luz no puede brillar

la víctima
—enviada lejos bajo una tormenta de acusaciones—
cae en el abismo del abandono

muros de silencio le sirven al perpetrador
los muros esconden un crimen
cuyas consecuencias son entregadas a la víctima
como un castigo postrero

el sendero de las buenas apariencias está empedrado
con las tumbas de las víctimas
enterradas bajo el reproche y la culpa
el sermón de sus tumbas dice
eres culpable por haber confiado en tus padres y haberlos amado

¿cómo pueden llegar a comunicar lo que les sucedió?
¿cómo pueden llegar a expresar su sufrimiento
cuando el perpetrador
no es encontrado culpable
sino protegido por la familia y por la sociedad?

¿cómo pueden hablar su verdad con dignidad y decencia?
traicionada en su fundamento
caen en el agujero negro del engaño

nadie cuida sus tumbas

la víctima
—sola sin esperanza cuando el crimen es cometido—
y también
cuando ella tiene que enterrar el crimen
bajo el silencio durante años

cuando enfrenta la verdad y se atreve a romper el silencio
            —ella puede hacer cualquier cosa— pero —no— eso
se ahoga con la carga de la culpa alrededor de su cuello
luego la honran con una lápida sepulcral que dice
perdono

sus gritos
sofocados para siempre

21
sin esperanza

noche y día

solía inquietarme y ponerme ansiosa
cuando se ponía el sol y el día terminaba
cuando la luz partía
y la oscuridad de la noche comenzaba a rodearme

recuerdo cómo la ansiedad me embargaba y se apoderaba de mí
por primera vez —tenía dieciocho años de edad—
sucedió una noche durante un atardecer
estaba al frente de la casa de mis padres
despidiéndome de mi prometido

la ansiedad no se iba, no me dejaba dormir
crecía con un miedo abrumador y el pensamiento obsesivo
¿qué me sucederá después de que muera?
estaba aterrorizada de lo que me esperaba después de la muerte

en terapia comprendí que el día y la noche eran metáforas
de lo que mis padres simbolizaban para la niñita
la luz y el día representaban existir
—sin el miedo aterrador—
en un mundo bueno que la niña creía compartir con su padre
el padre significaba conexión, cercanía, seguridad, luz y vida
el padre significaba momentos llenos de alegría y armonía
el padre significaba contacto con su Ser

la oscuridad y la noche significaban el terror y la desesperanza
la niña sufría
—perdida y en soledad—
en el mundo de su madre
la madre significaba un mundo frío de dolor físico y emocional
la madre significaba un abismo infranqueable
oscuridad, noche y muerte

la madre significaba que la niña perdiera su centro
perder su Ser

mi alma trataba de comunicar
no puedes vivir y ser tú misma en este matrimonio

pero no podía comunicarme con mi alma
y no había nadie que pudiera enseñarme
a comprenderme

acciones

acciones propias
acciones que provenían de mis convicciones profundas
acciones sin coerción, que derivaban de mis propios deseos
los desconozco
todo lo que hago señala sumisión e impotencia
todo lo que hago grita *—todo es en vano—*

arraigada dentro de cada célula de mi cuerpo
se adueña de mí una maldición
hagas lo que hagas —no puedes cambiar tu destino—

acciones del amor
        juzgadas como vanas y serviles
acciones fuera de la dignidad
        condenadas como impúdicas
acciones de fortaleza interna
        prohibidas como presunción descarada
sentirme honesta conmigo misma
        erradicado como arrogante y ególatra
seguir la voz de mi conciencia
        abominada como traidora hacia la familia
                de mal corazón

¿quién puede vivir bajo tal locura sin perder la cordura?
¿quién soy —si no me define lo que hago—
mis propias acciones?
¿no nací acaso para ser honesta conmigo misma?

lo único que conocía eran las pesadas cadenas
de tus creencias y normas
atando mis manos y pies a ustedes, madre y padre
esas cadenas me impedían caminar y actuar con libertad

acciones y pasos propios eran recibidos con tal odio
que se volvían imposibles

solamente conocía acciones para sobrevivir
pero no para vivir

escribir es la primera acción verdadera y libre de mi vida

escribir mis pensamientos y sentimientos
marca un punto de cambio en mi vida —mi partida—

conforme escribo
  vivo de nuevo mis sentimientos y los honro
  advierto mis necesidades y mis sueños
  tomo con seriedad mis observaciones y mis conclusiones
  desarrollo la fuerza para proteger mi Ser
  descubro mis deseos y mis pasiones
  moldeo mis convicciones y valores
  dejo que mi conciencia se exprese y me guíe

mi verdadero Ser surge
conforme escribo se atreve a salir
se vuelve visible página tras página ante mis ojos

escribir es mi sendero para conocer mi Ser
empoderándome para ser honesta con mi Ser

escribir inicia acciones
que son expresiones de mi verdadero Ser

la trampa

nunca debes hablar mal de tus padres
puedes criticar y juzgar a los demás y a ti misma
pero nunca
a tus padres ni a sus acciones
porque —*siempre tienen buenas intenciones*—
—*debes sentirte agradecida con ellos*—

para poder perdonarlos debes ignorar
lo que te hicieron en el pasado
o lo que te hacen en el presente

¿a quién le importa si no se arrepienten
ni sienten remordimientos?
nadie quiere saberlo: ¿han dejado de herirte?
¿están dispuestos a mirarse a sí mismos?
¿han cambiado?
tú eres su niña —no armes un alboroto— acepta
el abuso y las mentiras

los mandamientos grabados profundamente exigen —*hónralos*—

así vivía
ciega, sin dignidad ni integridad
pero llena de odio por mí misma
incapaz de cuestionar a mis padres, sus acciones
incapacitada
para reconocer y comprender la realidad correctamente

sacrifiqué mi perspectiva y mi verdad
por una visión compasiva, benigna —y falsa—
de mis padres
aquella que rehusaba conocer los hechos
que no podía cuestionar su integridad y sus motivos

que me hacía seguir sus creencias y
sus reglas verbales e implícitas

creo, obedezco —y me sentí tan culpable—
por cada pensamiento crítico
que lo ahogo de inmediato en el perdón
no, en la ceguera

aceptaba y soportaba la falsedad
las mentiras, la inhumanidad, la traición
como irrevocables
eran la esencia de mis relaciones

conforme reconozco la realidad de mi relación con mis padres
conforme enfrento mi verdad con valentía
estoy aislada y exiliada

lo que parece insoportable al principio
me hace tomar mi propio rumbo
liberarme a través del exilio
descubro la vida

¿cómo luciría nuestro mundo si el cuarto mandamiento dijera
honrarás a tus hijos?

estrella solitaria

en tu presencia no me atrevía a ser honesta
en una ocasión siendo una joven
—casada hacía pocos años—
te dije que me había casado tan joven para alejarme del hogar

si las miradas pudieran matar —tus ojos me hubieran asesinado—

el dolor y las quejas producían ojos airados y desdeñosos
la autoestima activaba burla despectiva
las preguntas y las lágrimas causaban acusaciones y condenas
los problemas y el desespero acarreaban una embestida
de reproche y culpa
la alegría y la espontaneidad atraían sermones y juicios

mis pensamientos —mis sentimientos—
eran ahogados en la crítica y el ridículo sarcástico

las declaraciones verdaderas de la niña se encontraban
con el odio

estrella solitaria, abandonada
perdida vagando sin rumbo fijo
a través de un universo infinito
así era como se sentía la niña

una vez en la escuela
vimos unas magníficas imágenes de las estrellas
contra la negra inmensidad del universo
y me sobrecogieron poderosos sentimientos
de soledad y temor

cuando la mirada de los padres aprobaba a la niña
ella se sentía importante, que contaba, que su vida tenía valor

llena de ilusión de ser amada
la niña menospreciada cuidadosamente y estando alerta
creía por un peligroso momento que estaba a salvo

al traicionar sus percepciones y su verdadero Ser
al confiar en donde no existían bases para la confianza
fue engañada en su esencia

y la pequeña estrella vagó sin ancla por el firmamento

el pájaro y el muro

escrito en Alemania, 1986

eres un muro al frente de mi
te lanzo mi amor tímido y mi anhelo lleno de preguntas
pero ellos rebotan, caen al piso, regresan a mis manos

el muro es duro y frío, alto e invencible
piedra por piedra construido a base de órdenes y leyes morales
erigido con reglas estrictas de conducta
no hay lugar para la justicia o el perdón
no hay lugar para el amor
la ley te pertenece, el muro —está siempre de tu lado—

mis brazos están cansados de enviarte mi corazón
llenos de desilusiones infinitas
con frustración, dolor, incluso ira y odio
agonía inútil, desperdiciada
—ahora entiendo a Sísifo—

soy un pájaro que aprende a volar
—diminuto, impaciente, asustado, emocionado e impetuoso—
extiendo mis alas y trato de volar
vuelo
mis compañeros son el amor por la vida
la curiosidad
el recelo aprensivo

pero una vez más
—ahí está el muro—
reboto contra éste
adormecida, insensibilizada, llena de ansiedad
me descubro de nuevo por tierra
realizo varios intentos

pero el muro es demasiado alto y demasiado fuerte
para mis débiles alas
mis movimientos inseguros
mi inexperiencia

un día, sin que nadie lo advirtiera
renuncié
yo, el pájaro maltratado

dentro de las fronteras del muro me arrastro por tierra
inválida
mutilada
mi rabia petrificada
muerta mi protesta
mis desilusiones me llenan de un odio negro

tímidamente
cojeo y brinco
en senderos prescritos y ordenados

algunas veces busco el sol ansiosamente
brillando tras el muro

22
odio —el sentimiento prohibido—

llámalo por su propio nombre

el odio contra su propio hijo no es llamado por su propio nombre
no es denominado correctamente por lo que es en realidad
pero es excusado, justificado, escondido
tras conceptos elaborados

la conducta odiosa contra el niño no se conoce por el nombre
odio —pero es catalogado como *"por tu propio bien"*—
y disfrazado eufemísticamente como “educación” o “disciplina”

pero las golpizas **son** tortura
ellas comunican odio

humillación y burla al niño son expresiones de odio

porque hieren y degradan al niño
siendo esa su intención
ellas imprimen el lenguaje y la conducta del odio dentro del niño

¿quién castiga a los padres por sus errores?
¿por qué el castigo solamente se inflige a los niños
que necesitan el apoyo, la guía
la orientación, la comprensión y la compasión de los padres
para aprender el lenguaje del amor?

este odio viene disimulado por el traje de la virtud
“mis intenciones son buenas”

al niño —un creyente ciego, dependiente, impotente—
le enseñan a ver la conducta llena de odio como si fuera amor
la pasión de sufrir como inevitable
y el perdón como la herramienta
para ignorar y negar la realidad

la respuesta de la niña al odio de sus padres hacia ella
su ira, su protesta y su dolor
condenados como quejas, resentimiento, venganza

no debe expresarles
su necesidad de protección y amor por sí misma
es ridiculizada y juzgada bajo el crimen del egoísmo

el odio viejo es transmitido a los hijos como buenas obras
mientras permitimos que continúe la tradición destructora
mientras los niños son torturados con violencia
una y otra vez
ahora y siempre

lo que revela el lenguaje del odio

la noche oscura del odio no reconoce su fuente —el ruego
de la niña humillada, torturada y desesperanzada—
porque el odio hacia sus propios padres
es condenado, negado, disimulado por el silencio
enterrado bajo la orden de honrarlos y perdonarlos

la fuente del odio ciego deriva de la indignación reprimida
y del dolor ignorado de la niña atormentada
puede fustigar más tarde
descargarse con aprobación política o religiosa
hacia los demás —hacia aquellos percibidos como una amenaza
para su identidad, seguridad o para su creencia—

desapercibido e ignorado por la sociedad
este odio no puede ser superado
a menos que se enfrente con honestidad y se sane por dentro
a menos que su origen sea revelado
        la pasión de la niña impotente
        el sufrimiento y la cruz de la niña perseguida
                cuyas necesidades básicas
                de protección, ayuda, seguridad y amor
permanecieron insatisfechas

el odio es un atropello que no podía ser experimentado
o reconocido
cuando la inhumanidad y el odio fueron impuestos en ella
la niña abusada y maltratada tuvo que implorar el perdón

este atropello —silenciado por la ley del perdón—
es impuesto más y más profundo en el alma de la niña
donde se convierte en odio inconsciente y dolor infinito
formando un volcán —listo para explotar en cualquier momento—

pero el odio —experimentado y comprendido—
revela la pesadilla de la niña
odio —aceptado y acogido con compasión—
—observado por un terapeuta que está del lado de la niña—
expresa la verdad sobre la niña humillada y abandonada

la verdad alcanza su conciencia
como si una nave perdida y sumergida fuera rescatada finalmente
sacada de la oscuridad
de las profundidades invisibles del océano
para salir a la superficie del agua

la verdad de una situación intolerable es revelada
la verdad de la niña torturada

reconocida, admitida, aceptada —la verdad es bienvenida—
y sabida al fin —y llegó aquí para quedarse—

ya no hay necesidad de odiarse o de odiar a los demás

comprendida y acogida con compasión
el odio puede ser liberado
su energía destructiva —transformada en fuerza poderosa—
        para atender con cariño mis necesidades
                para satisfacer mis pasiones
                        para construir una vida significativa

el odio de mis padres que llegó a ser consciente e integrado
mostró un claro escenario de la realidad de mi infancia
y me alejó de las creencias y de la destructividad de mis padres

empoderada para establecer fronteras
me convierto en mi Ser

ahora sé la verdad
ahora puedo vivir en la verdad y ser verdadera con mi Ser
perdonarme a mí misma por no haber permitido
—durante tanto tiempo— que la verdad viviera

el lenguaje del amor

la nena no comprende palabras
las palabras —te amo— no significan nada para ella

se siente amada cuando la abrazan
cuando siente y huele el cuerpo de su madre
escucha la amada voz de su madre
y mira dentro de sus amorosos ojos

la nena no se siente amada cuando se le inflige el dolor
al mantenerla sobre sus piernas recién nacida
o cuando es separada de su madre
cuyo cuerpo y voz han sido su hogar durante nueve meses

la nena no se siente amada cuando golpean su tierno cuerpecito
cuando el dolor y el miedo
destruyen la confianza en su madre y en la vida

no le enseñan el lenguaje del amor
sino el de la violencia y la indiferencia

un lenguaje de conducta ya se le ha enseñado
cuando ella aún no habla
cuando su cerebro es más vulnerable
creciendo dramáticamente
y no tiene forma de descifrar y reconocer la realidad

no tiene a nadie de su lado
para ayudarla a comprender
los crímenes que son cometidos contra ella

no hay nadie para detener o educar a sus padres

el lenguaje inconsciente del odio y la violencia
es forzado profundamente
dentro de cada célula de su cuerpo

antes de poder comunicarse verbalmente
el lenguaje de la violencia le es transmitido
y las energías de la violencia
del odio y
de la maldad
 nacen
y entran en nuestro mundo

el lenguaje de la violencia es un crimen contra la humanidad
pero es aceptado universalmente con gran sabiduría
—enseñado y practicado en todo el mundo—
mientras volteamos la mirada
de los gritos de las víctimas
los niños de la humanidad

23
un concepto torcido de la venganza

sueños de justicia

la niña era una prisionera aterrada
encarcelada y torturada en una celda oscura
llena de reglas y normas
órdenes y mandatos —castigos y golpizas—
donde jamás entraba la luz

la vida en el calabozo era cuestión de sumisión y obediencia
esta vida se llenó de acciones y pensamientos de venganza
sin que nadie jamás las reconociera o denominara
por su verdadero nombre
acciones crueles y malvadas de padres tiránicos
llegaban con declaraciones arrolladoras
sobre la culpa y la maldad de la niña —y solamente de la niña—

el odio y el desespero provocados
por la demencia a su alrededor
instigaron a la niña a soñar para tener poder y ajustar cuentas
para encontrar justicia
para asesinar a aquellos tiranos
—pero esos sueños la aterrorizaban
y la sumergían en un mar de conflictos irreparables
que amenazan su cordura—

anhelaba amar a sus padres y ser amada por ellos
necesitaba verlos como buenos y sentirse orgullosa de ellos
—además— ¿a dónde iría y cómo sobreviviría
sin sus padres?

todos los pensamientos de venganza los desechaba
porque quería ser una buena persona
libre de odio —llena de amor y perdón—

sus sueños de justicia permanecían insatisfechos

máscara de la disciplina

la violencia emocional y física de mis padres
era disfrazada como disciplina
la niña no podía pensar que eso fuera venganza —transmitida—
de generación en generación
rencor —silenciado en la infancia— el cual era finalmente permitido
para resurgir sobre un objetivo impotente

la relación entre padres e hijos es la única
donde se permite que continúe la conducta inhumana
porque no la llamamos correctamente

infinito es el arsenal de castigos degradantes y crueles
los niños son golpeados con instrumentos de tortura tales como
        ganchos de ropa, látigos, cinturones, remos
los niños son desterrados y aislados con inhumanidad bárbara
        en habitaciones, armarios o sótanos
pueden ser humillados, arrojados, burlados con desdén

mis manos fueron puestas en guantes —mis brazos en tirantes—
para que no me pudiera chupar el pulgar
mi boca —lavada con jabón por mentir—
pero nunca había el menor intento por comprender
por qué me chupaba el dedo —necesitaba abrazos y consuelo—
por qué mentía —la verdad no era bienvenida— no podía ser dicha

odio enterrado, disfrazado como disciplina, puede ser transmitido
pero hablar contra él
y etiquetar los actos de los padres correctamente
como actos odiosos, peligrosos, irresponsables y malvados
es condenado como venganza y resentimiento

la Vía Dolorosa torturada de la niña
como una víctima de la crueldad de sus padres

es tolerada —aun estimulada— por el mundo que la rodea
—la tortura— inflingida en nombre de la “disciplina” o la “educación”
a nadie le importaban
los sentimientos y las necesidades de la niña
sus gritos —eran extinguidos con clichés pedagógicos y morales—

qué abominable es mencionar el sufrimiento de la infancia
juzgado como mentalidad de hacerse la víctima
el sufrimiento de la niña es forzado más profundamente
en el silencio

la irresponsabilidad de los padres no solamente es excusada
sino convertida
en responsabilidad de los niños de perdonar y olvidar

esta niña abusada
que se encuentra arrinconada y condenada sin esperanzas
siempre es la perdedora
mientras la crueldad de sus padres es justificada y excusada

dos estándares crean una hipocresía insufrible y demente
donde los débiles son torturados —aún físicamente—
por lo que es juzgado como su error y su maldad
mientras que los fuertes y poderosos no se hacen responsables

necesitamos escuchar y aprender
debemos cambiar nuestra visión de la inhumanidad y crueldad
enmascarada por siglos como educación y disciplina

en vez de extinguir los gritos de nuestros hijos
necesitamos enseñarles a los padres la disciplina
del amor y la piedad
de escuchar a sus hijos y sus necesidades
          con una mente abierta y compasiva
                    con un alma amorosa
                              con un corazón atento y devoto
y responderles y guiarlos
verdaderamente —abiertamente— y con honestidad

catecismo

sobreviví mi infancia a través de un estado total de perdón
fui culpada —y culpable me sentía—
por el abuso y por cualquier problema que ocurriera

cuando era una niña en el catecismo de los domingos
rodeada por la imponente iglesia
llena con reverencia y solemnidad grandiosa
me sentía pequeña, poco importante
invisible y completamente intimidada

los mandamientos religiosos, los regaños, las expectativas
fueron transmitidos y llegaron a ser
una extraña poción de moral transmitida
que pedía que "fuera buena" —lo cual significaba ante todo—
que no hablara
sino que perdonara
y callara
mi dolor y mi protesta cuando me agraviaran y me hirieran

la moral de la iglesia reforzaba lo que vivía en casa
esta poderosa pócima de moral exigía una actitud de perdón
a los dependientes, los indefensos y los impotentes
mientras declaraba a los poderosos como infalibles

ser una buena persona significaba no expresar mi verdad
no enojarme ni protestar
nunca contradecir o hacer preguntas "inapropiadas"

ni siquiera me atrevía a pensar que mi madre
era un ejemplo aterrador de una persona implacable

las creencias de mis padres y lo que aprendí en el catecismo

me impregnaron mensajes constantes de ignorar el abuso
de perdonar a los perpetradores que cometen abusos
de ignorar e invalidar sus crímenes como benevolencia
esta extraña moral no me daba permiso de decir ***no***
de ponerme en mi lugar y decirles a los abusadores
que dejaran de realizar sus crueles acciones

programada para ser una víctima
creía que no importaba lo que me sucediera
—lo merecía—
debería soportarlo sin protestar y olvidar con un corazón abierto
—pero jamás pedir ser tratada con humanidad y respeto—

así aprendí a aceptar la crueldad como una realidad inmutable

me vendieron el concepto de “amor”
que le daba a los poderosos padres el derecho
a ser rencorosos, cometer cualquier tipo de crueldad arbitraria
no perdonar y comunicar verbal o físicamente su rabia
endosaba las acciones punitivas
que hablaban de odio y de venganza

los padres no eran responsables por sus acciones
o por la desgracia, el dolor, el miedo o la confusión
que ellos causaban

era el niño el culpable
que se suponía debía soportar, obedecer y callar

la moral en el hogar y en la clases de catecismo reforzaban
la sumisión a todos los caprichos de los padres
forzaba los gritos y la infamia de la niña
—prohibidos como vengativos—
cada vez más y más profundos en el silencio

no me estimulaba a expresarle a nadie lo que veía y sentía
no me empoderaba para articular lo que comprendía y pensaba

no me permitía decir lo aterrorizada y sola que estaba
me prohibía compartir con nadie mi sufrimiento y mi agonía

se entrenaba a la niña
para creer que sólo perdonando al enemigo tendría paz
—pero la única persona en este mundo
        a quien ella percibía como su enemiga—
—era su propia madre—

una nueva jornada

la vida que busco yace en algún lugar frente a mí
la vida que rechazo yace ahora en mi pasado
dejo atrás las percepciones sin sentido que han servido
tan sólo para perpetuar mis sufrimientos y mi miseria
no vuelvo a sacrificar mi verdad para satisfacer a los demás

suprimí la certeza del dolor que mis padres me causaron
para proteger mi realidad
ahora he cruzado al otro lado
en donde la venganza y la maldad son cometidos
por los poderosos que hacen daño
a niños indefensos
mas no por aquellos que hablan y se revelan
contra ello
y piden que se detengan

he llegado a una nueva perspectiva
donde el silencio obediente ya no es una virtud
en donde la vida —sobretodo la vida de los niños vulnerables—
no puede ser herida o destruida a través del abuso de poder

la vida es creada por acciones significativas y apoyo amoroso
en relaciones que no desean inflingir crueles dolores
sino acompañar a los demás con comprensión y respeto
y desear verlos progresar y que sean ellos mismos

la vida quiere que yo la viva de forma
        que el dolor y las heridas
        la aceptación y el perdón del dolor innecesario
        el sacrificio de la verdad y del verdadero Ser
ya no sean su esencia ni su núcleo

la vida me ha sido entregada como mi responsabilidad
para proteger mi bienestar físico y emocional y el de los demás

en mi pasado fui juzgada como egoísta
si me cuidaba de mí misma con amor

hoy sé que practico el amor por mí misma
cuando soy buena con mi Ser

24
despedidas

dejando el fiordo

he dejado Chicago, mi amado hogar durante seis años
y también mi terapeuta —mi puerto durante dieciocho meses—
he regresado a Alemania

en la ciudad donde nací y me crié
vivo de nuevo a tan sólo unos minutos de mis padres

enfrentada con hostilidad me siento perdida en un desierto
sin calidez, amistad, ni amor

un día toco el piano para alguien más que me dice
tocas con tanto sentimiento
tienes algo muy original en tu interior

esa noche sueño

> **que estoy segura al final de un fiordo en un bote con mi padre**
> **de repente alguien toma el mando del timón y dirige la nave**
> **con seguridad poderosa lejos del fiordo a mar abierto**
> **mi padre objeta y protesta —*esto es muy peligroso— deténgase***
> **pero el bote deja el fiordo**
>
> **luego me encuentro en un mar agitado y tempestuoso**
> **derivando sola y perdida bajo las olas amenazantes**
> **cerca de mí también veo una niña a la deriva**
> **alejándose cada vez más y más de mí**
> **nuestras vidas están en peligro mortal**
> **un bote de goma llega, los hombres me quieren rescatar del agua**
> **les respondo: *no iré con ustedes —a menos***
> ***que salven primero a la niña—***
> **rescatan a la niña —y luego me rescatan—**

me despierto conmovida profundamente

sinagoga

entro en una estancia donde jamás he estado en mi vida
—una sinagoga—
mi antigua y aprendida visión de la vida
—modelada por la religión cristiana—
mostraba este lugar como muerto, derrotado, hostil
e incluso peligroso y malvado
sin vida
lleno de leyes limitantes y ególatras arrogantes

se necesita mucho coraje para entrar en una sinagoga
mi hijo es invitado a un Bar Mitzvah
pregunto si puedo asistir al servicio
tengo treinta y cuatro años

tengo tanto miedo de entrar en una sinagoga
—es un tabú tan grande en mi lugar de origen—
        —esta casa de Dios—
                —esta religión, estos seres humanos—

en la religión que fui enseñada
este lugar era descrito como maldito por Dios
como la obra del diablo
donde se había lanzado una maldición
y un horrible conjuro creó la maldad

estoy en un lugar donde jamás he estado
en el edificio moderno, dramático de una congregación liberal

comienza el servicio
el canto del solista del chantre conmueve mi corazón
las palabras del libro de oraciones mueven mi alma
contienen tanta verdad para mi
comienzo a llorar

creí que ese era un lugar peligroso
carente de vida —sin sabiduría— petrificado por las leyes

pero las mentiras
—que me habían enseñado en mi religión y mis orígenes—
están desenmascaradas en este lugar
este sitio no está muerto
está lleno de música y de vida
lleno de ideas interesantes y emocionantes

escucho la verdad

me siento en casa
una con los seres humanos que me rodean
una con los judíos en su sinagoga

las ideas centrales de este servicio se enfocan
en apoyar las acciones conscientes y responsables
y en atesorar la vida
no hay palabras sobre el juicio final
la culpa
la redención a través de la fe

nunca me he sentido en mi hogar
en ningún lugar ni con nadie en mi vida
aquí, me siento en casa
escuchando los valores y las ideas expresadas
lloro durante todo el servicio

pienso en mi país, Alemania, donde no conocí judíos
¿dónde están las sinagogas?
¿dónde está esta forma de vida?
¿dónde están la tolerancia, el alma, el color,
la nobleza del espíritu y la celebración de la vida?

la verdad que descubro me deja sin aliento
de donde provengo
una forma única de vida era despreciada, destruida, exterminada

de donde vengo
esta vida y esta cultura fueron expelidas
prohibidas, extinguidas, asesinadas

pienso en la religión que me enseñaron
la cual me indoctrinó una fe ciega y un odio peligroso
temiendo al infierno y al juicio final

hoy mi sendero se ha alejado cada vez más
          y con mayor profundidad de ella
hoy he dejado atrás sus confinamientos
hoy he entrado en la vida —en el hogar de Dios—

al aprender más
sobre la contribución del cristianismo hacia el antisemitismo
estoy horrorizada

al regresar a Alemania abandono la religión en la cual crecí

lejos de la bruma

escrito en Alemania, 1991

después de haber dejado mi primer matrimonio, sueño

que he estado conduciendo en la bruma
cuando la bruma se disipa
me doy cuenta que estoy en un camino estrecho en una montaña
un abismo profundo cae en uno de los lados
no hay un barandal para proteger a los autos de una caída

no puedo devolverme con el auto
entonces doy marcha atrás
con cuidado
y llena de temor
preguntándome cómo conduje a lo largo de ese camino
en la bruma
tan cerca del abismo
asombrada de que no haya caído en esas profundidades
hacia la muerte

logro regresar hasta la calle principal
ahora puedo darme la vuelta con mi auto
conducir de nuevo hacia adelante

entro en la calle principal
y me uno al flujo del tráfico

estoy reunida con la vida

esperanza sin esperanza

después de que mi primer esposo y yo nos separamos
nos seguimos viendo y pasamos tiempo juntos
tengo la esperanza de que nuestro matrimonio pueda salvarse
él es cortés y amistoso —pero permanece distante—

entonces un día sueño

> **que estoy sentada en casa a la mesa**
> **con mi esposo sentado a mi lado a un costado de la mesa**
> **hablamos y le digo:** ***te he dado tres oportunidades***
> ***la primera, cuando te pedí que hicieras terapia conmigo***
> ***la segunda, cuando regresé a Alemania contigo***
> ***ahora te estoy dando la tercera oportunidad***
> ***si no tomas ésta, no habrá otra***

en las siguientes semanas
me siento inundada de ansiedad cada vez
pienso en este sueño —hasta que lo escribo— y me doy cuenta
que la niña no hubiera sobrevivido su infancia
sin la esperanza de que un día
ella podría obtener el amor de sus padres

pero yo —la mujer adulta— debo admitir ante mí misma
que con este hombre mis sueños de amor
no pueden volverse realidad
la esperanza sin esperanza de la niña
me liga a un hombre que tampoco puedo alcanzar
y hace que ponga mi vida en espera —mientras sufro—

al liberarme de la esperanza ilusoria de la niña
traigo verdadera esperanza a mi vida
la esperanza de que puedo escapar de la agonía y la desgracia
que puedo hacer que mi vida sea más feliz
y salir a encontrar el amor que añoro

la montaña
o —un cambio de perspectiva—

escrito en Chicago, enero de 2001

estoy viendo una montaña —me recuerda a mi madre—
la mayor parte de mi vida he observado a mi madre
como si yo fuera condenada a permanecer al pie de la montaña
con una perspectiva confinada y limitada

la base de la montaña es dominante
bloqueando la visión del mundo y la vida a mi alrededor

lograr mi Ser ha llegado a ser como escalar una montaña

desde abajo levanto la mirada
miro a mi madre con compasión
la miro en la forma que ella desea que lo haga
la miro como si yo fuera su terapeuta

desde el pie de la montaña
siento y me he sentido siempre forzada a perdonar a mi madre
a sentir piedad por ella
a ignorar cómo me estaba —y está— tratando
a entumecer y disminuir el sufrimiento que ella me causa
a negar mi propio dolor
a ignorar la realidad y la verdad

en la cima de la montaña tengo una visión más amplia
puedo ver más allá

veo a mi madre desde una perspectiva distinta
cuando experimento por primera vez compasión por mí misma

tengo que reconocer la verdad

veo una mujer que no me ama
que no se regocija en mi presencia
a quien no le importa mi existencia
quien no se interesa en mi vida
quien no desea tener una fiestecita conmigo
después de no haberme visto durante trece años

tengo que ver la verdad —aunque no es lo que quiero—
    mi madre no me ama
    mi madre no puede amar a quien soy
    porque soy la prueba viviente
    de que la vida es otras cosas de aquellas
    en las cuales ella cree, vive y practica

estoy abrumada por la verdad
siento que la tierra se derrumba bajo mis pies
y mi existencia amenazada

la verdad duele —pero me libera—
he escapado de su prisión

liberada del mayor obstáculo que me impedía permanecer viva
me convierto en el pájaro y me voy volando de la montaña

desde ahora lo que importa es mi bienestar
mis necesidades cuentan

no puedo sentirme viva sin amor
así como el aire le proporciona vida a mi cuerpo
el amor es aliento para mi alma

mi alma moriría si permaneciera cerca de esta montaña

ahora que sé y puedo soportar la verdad
dejo la montaña
estoy libre para ser Bárbara
para ser mi propio Ser

¿quién soy?

fracturada en diferentes partes
¿quién sería la líder de Bárbara?
el miedo mortal hacia mi madre gobernó con furia mis actos
el amor desesperado hizo que me aferrara a mi padre
el orgullo herido de la niña que fue reemplazada cinco veces
y enviada cada vez más y más lejos
se asoció con la solitaria siniestra
temerosa profundamente de la gente
ellos no confiaban en el amor
sino que lo evitaban como una peligrosa ilusión
aun cuando mi soledad estaba sedienta
de compañía y amor

la ira y el odio nacidos de la injusticia cruel
deseaban la venganza ardientemente
mientras que la obra maestra
deseaba que sus padres estuvieran orgullosos
mi odio por la locura patriarcal deseaba "demostrarles"
los miedos por sobrevivir que me atormentaban
anhelaban seguridad y predictabilidad

en mi interior vivía la nada impotente
—que se sentía insignificante—
        como un número —que creía que su vida no importaba—
dentro de mí vivía una escéptica paranoica
        temerosa de confiar
dentro de mí vivía la cobarde silenciada
        que no se atrevía a opinar
dentro de mí se encogía de miedo la ciega
        que cerraba firmemente sus ojos
                que se aferraba a las ilusiones e idealizaba
dentro de mí sollozaba la desesperada
        que deseaba renunciar

por un tiempo muy largo no sabía
¿quién era yo?
las partes fracturadas luchaban obsesivamente
sobre quién tendría el poder
sobre mí

cada uno creía que sabía qué era mejor para mí
cómo debería vivir, cómo protegerme, cómo hacerme sentir segura
sus creencias y emociones fueron formadas
y permanecieron sujetadas
en sus traumáticas experiencias
no tenían nada que ver conmigo

al cambiar y liberarse
mi tormento interno es mitigado
y los enemigos que batallan en mi interior
se convierten en mis amigos de apoyo

NO —mi guía oculta a través de la vida—

después de que hubiera surgido el recuerdo del incesto
una fuerza sorprendente pudo emerger en mi interior
y llegar a ser consciente

a muy temprana edad esta parte sentía un apasionado **NO**
hacia la violencia, genio y rigidez de mi madre
hacia cualquier forma de crueldad y degradación
hacia la injusticia y terror

después del incesto —desconocido para mí—
este apasionado **NO** se convirtió en un **grito de NO**

como si amenazara otras partes de mí misma
que ansiaban la aprobación
tuve que escoger este **NO** de mi Ser durante muchos años
pero moldeó mi vida desde el fondo poderosamente

este **NO** creció cada vez más fuerte e intenso cuando supe
sobre el Holocausto y sobre los crímenes de la Alemania nazi
este conocimiento cuestionó profundamente
todo lo que mis padres y ancestros vivieron y creyeron
          sus valores, sus estilos de vida, su religión
                    su conciencia nacional y de clases

este **NO** me pedía dejar atrás sus creencias
anhelaba ponerle fin a la hipocresía que había conducido
sus vidas
sus matrimonios y familias

me exigía que superara su arrogancia

este grito de **NO** guiaba poderosamente mi vida
—como una madre joven me pedía tratar diferente a mis hijos—

y me ayudó a encarar la desaprobación que implicaba
—cuando tenía treinta y tantos años me llevó a la terapia—
me dio poder para seguirla
—a pesar de la crítica de mi primer esposo—

me dio la fortaleza para permanecer de pie ante sus objeciones
enfrentar la hostilidad de mi madre
sus reproches
y su incomprensible carencia de entendimiento
me dejó sobrevivir el doloroso silencio de mi familia
y su abandono
los cuales me desterraron en el exilio

este **NO** me permitió alejarme de relaciones dolorosas
dejar mi país y orígenes
me dio poder para encontrar el amor
donde se suponía que no mirara

este **NO** hizo presente mi invocación
me alentó a romper silencios en mi interior y a mi alrededor
quiere que yo le ayude a aclarar
cómo la maldad y el miedo cobarde se producen

durante demasiado tiempo había estado sumamente temerosa
de que hiriera a mi madre con lo que estaba escribiendo
este **NO** me guió fuertemente para alejarme de ella
y de aquellos que no quieren que viva la verdad

este **NO** sabía que mi vida no me había sido otorgada
para continuar la destructividad de mis orígenes
y para servir las creencias de los padres
sino para servir la vida

este **NO** sabía que no estoy aquí
para seguir y obedecer a padres cuyas mentiras y engaños
gobernaban una familia silenciada
sino para apreciar y honrar mi propia vida, voz y destino

cuando a mis cincuenta años me encuentro y me uno con mi **NO**

llegué a tener poder para acoger mi propia expresión
como la contribución que estaba supuesta a dar a la vida

mi **NO** cree en el cambio
mi **NO** lucha por la justicia y humanidad para los niños
mi **NO** me anima a escribir y a publicar este libro

figura negra

escrito en Chicago, 1985

después de seis años de cambios tremendos
vivo de nuevo en Alemania
mientras visito Chicago el siguiente verano tengo un sueño

en mi sueño viajo dos veces hacia el mismo país
la primera vez cargo una figura negra en mi espalda
aferrándose a mí con garras que me aprietan y lastiman

cuando regreso la segunda vez
la figura negra se ha deslizado de mí y se aleja

al despertarme apunto la imagen y mis sentimientos:

figura negra, tu rostro destruido y rasgado
tu cuerpo alto y grande, tus miembros rígidos y torpes

figura negra, fuiste mi compañera durante mucho tiempo
siempre estuve enterrada bajo tu peso que abrumaba mi camino

tus garras alrededor de mi pecho exprimían mi corazón
y el dolor se extendería a través de mi cuerpo
para dejarlo en huellas infinitas de lágrimas

tu presencia alejaba los buenos amigos
la alegría de vivir y el amor

figura negra, te estás alejando de mí lentamente

al partir, te llevas contigo el traje negro que me cubría
tu vestido se desliza de mi cuerpo

sólo su costura me toca aún suavemente

compañera negra sin rostro
te veo desaparecer en la distancia
esta visión me hace llorar

libre

escrito en México, 2004

al acercarse el final de mi trabajo en este libro
tengo un sueño acerca de mi padre

veo a mi padre recostándose sobre un muro
sus piernas ya no pueden cargarlo más
está a punto de caerse

coloco mi cuerpo bajo el suyo
la parte inferior de su torso descansa en mis hombros
está muy enfermo y vomita
totalmente enclenque se recuesta sobre mi espalda

no sé que hacer con mi padre
un hermano y una hermana están en casa
me hablan y se dan cuenta de mi presencia
ni hostiles ni interesados en mi carga y mi problema
no quieren ayudarme

alguien más llega a cuidar a mi padre
él me dice: *sólo recuéstalo aquí*

veo dos camas, una es para dos personas
la otra para una persona solamente
ahí es donde coloco a mi padre
lo empujo hacia arriba
para que pueda recostarse mejor en la cama
y le menciono a mis hermanos y hermanas
que él ya no pesa
ellos asienten pero permanecen distantes e indiferentes

25
ofreciendo el perdón a la niña que jamás fue perdonada

enterrada bajo una montaña de brea

enterrada bajo una montaña de brea
la niña es invisible

demasiada culpa, vergüenza y odio
le han sido vertidos por encima

ya no la puedes ver más
ni siquiera puedes saber que está ahí
completamente aislada de contacto con cualquier ser vivo
está totalmente sola
rodeada de toda esa brea negra que le dice
no eres una persona digna de amor —eres mala—

reproche y culpa infinitos —el incesto— el accidente de auto
produjeron más y más brea
no hay forma de que ella pudiera escapar de toda esa brea negra

atrapada donde no hay luz
ella siente dolorosamente
el peso y el calor de la montaña de brea que la rodea
se atormenta a si misma siempre con las mismas preguntas
¿qué estoy haciendo que es tan malo?
¿por qué soy criticada?
¿qué debo hacer para que todo el mundo a mi alrededor
esté feliz?
la única pregunta que nunca se atreve a hacerse es
¿qué me hará feliz?

la locura destructiva y la insensatez inhumana
fueron acumulados sobre ella

qué crimen es agobiar así a una niña vulnerable

que no puede defenderse o ver más allá de lo que le acontece
mucho menos alejarse de todo eso

a la niña que está atrapada en este lugar oscuro
le traigo una luz
extiendo la mano a la niña aterrorizada
que creyó en falsas acusaciones

la cargo con cariño y calmo sus miedos
le pregunto si caminará conmigo y dejará atrás
todas las expectativas, la culpa y el reproche
que han estado abrumando su espíritu

ella toma mi mano
y la guío por el camino hacia la libertad

la tierra donde falta el perdón

cada paso de la niña viva fue tratado como un crimen
percibido por sus padres como un error
o hasta un pecado

pasos inocentes atraían terror y desastre
en vez de ayuda amorosa
pasos inseguros y tímidos dentro de la vida
evocaban juicios catastróficos
justificados por interpretaciones groseras y acusaciones

infinito era el arsenal para degradar y herir la niña

el perdón era pregonado
pero la infancia era la tierra donde faltaba el perdón
donde el perdón no era practicado

los mitos de la educación y la disciplina permitían
todo tipo de actitud rencorosa y de actos imaginables bajo el sol
y usaban a la niña como una víctima indefensa e impotente

¿por qué aquellos sin poder son reprimidos y castigados
mientras que aquellos con poder
deben ser perdonados incondicionalmente?

¿por qué la niña no fue jamás perdonada
sino enseñada a perdonar siempre?

los niños
—completamente dependientes de los demás
para su sobrevivencia—
deben experimentar el perdón
es el alimento vital para su humanidad

muéstrame madre, el espíritu del perdón
no seas despiadada
y brutalmente estricta

excluye el castigo físico

deja de inflingirme dolor a través de tus palabras y actos
con lo que tú crees y piensas de mí
con la forma en que me ves
demasiadas heridas y partes lastimadas en mi interior
derivan de ello
me dejan impotente

no practicaste el perdón con tu hija
ser imperdonable gobernaba tu reino
mantuvo mi alma cautiva y mi Ser esclavo tuyo
hasta que me perdoné a mí misma
escogiendo una forma diferente de vida

tú nunca me perdonaste por salirme de tu mundo sin perdón

derramamos dolor y odio

lo sé —los padres también tienen un pasado
        a menudo fueron abusados—
pero eso no les da el derecho de desahogarse conmigo

la niña interior necesita saber que puede comunicar
su dolor y su desgracia conmigo
y confiar en que yo no la callaré
porque cuando ella recuerda y surgen recuerdos difíciles
necesita compartirlos y ser escuchada

en las oleadas de su dolor y de su duelo recibo y acepto
su ira y su odio por los crímenes cometidos contra ella
que nadie llamó crímenes o abuso sino "por su propio bien"

cuando ha compartido sus sentimientos y experiencias conmigo
su ira y su odio pasan
su dolor se alivia y ella puede disfrutar de nuevo la vida

nunca jamás le pediré que no comunique sus sentimientos
que nunca pudieron vivir y que nunca fueron escuchados antes

tiene mi permiso incondicional de experimentar
y expresarme todos sus sentimientos
si le pidiera que perdonara
no se atrevería a hablar

escucho
para liberarla de los horrores de su pasado
pedazo a pedazo nos despojamos del dolor y del odio del pasado

la perdono por sentirse herida, ultrajada y llena de odio
la escucho y le permito descargar

aquellos sentimientos enterrados por tanto tiempo
no le digo que se detenga porque ya he tenido suficiente

no le pido que debe “olvidarse de todo”
más bien
estoy aquí para ella
puede contar conmigo

quiero ser la madre que nunca tuvo

—el perdón— ¿qué significa?

"Jamás te perdonaré por abandonarme
cuando más te necesitaba"

comentario de mi madre hacia mí en 1984

durante años enfrenté una madre implacable
y sufrí a causa de su hostilidad y resentimiento
nunca fui perdonada por necesitar y entrar en terapia
por cambiar y convertirme en mi Ser
por no seguir siendo la hija mayor perfecta

pero la exigencia de perdón siempre está impuesta en mí
¿por qué?
¿qué significa el perdón?
la hostilidad de mi madre me hace daño cuando estoy con ella
he sentido de la manera más dolorosa
su rechazo reprochable hacia mí y hacia mi sendero de vida
mis valores y metas, mis pensamientos y sentimientos

¿por qué la carga moral de perdonar es impuesta sobre mí?
¿por qué debo sufrir por su renuencia a cambiar?
¿cuándo puedo encontrar paz interior sin ella?
¿qué significa verdaderamente la exigencia constante de perdón?

¿no es esto lo mismo que me pedían cuando niña?
¿apagar mis sentimientos —el don sagrado de la vida—
cada vez que estoy con mi madre
enfrentando sus resentimientos
su hostilidad y su odio hacia mí?

¿significa esto que debería pretender que todo está bien
convertirme en una hipócrita en su presencia
que debería ignorar mis sentimientos
y el dolor que ella me causa

que debo asesinar mi verdad y mi alma
para complacerla
para continuar lo que hacía para sobrevivir como una niña?

¿por ella?
¿para servirle y ser una niña perdonada?
¿una "buena niña"?
¿una mentirosa?

no —mi alma grita— **no —no más—**
no puedo seguir haciendo esto
muero si tengo que mentir para conseguir amor
después de trabajar tan duro para resucitar
mis sentimientos y mis necesidades
los honraré
apreciaré y serviré la vida en mi interior
mas no descartando y abandonando mis sentimientos
y de esta manera mi Ser nunca jamás

¿cómo puedo sacrificar mi alma
mi integridad y mi propia protección
ignorar mi propio bienestar y mi amor por mi Ser
de nuevo
por ella?
aquella que me ha dado la vida me exigió
que extinguiera la vida en mi interior
que renunciara a mi vitalidad por ella
la vitalidad por la cual he luchado tanto para rescatar y resucitarla

de ahora en adelante me rehúso a sufrir un dolor innecesario
y el resentimiento ya no puede roerme
no puedo más ser parte de una relación sin esperanza

al permitir que el perdón entre en mi vida
me he perdonado
—a mí misma—
por tratar durante tanto tiempo y con tanto ardor
—totalmente en vano—

de llegarle a mi madre, de permitir nuestra relación
y llenarla con verdad, honestidad y amor

he traído a mi vida el permiso

de proteger y liberar mi Ser del dolor incesante
para que mi alma pueda sanar y ascender

el perdón quiere decir:
los gritos pueden ser expresados
el dolor y la indignación
pueden alejarse del cuerpo, mente y alma
la verdad es compartida, aceptada
y llega a ser conocida conscientemente
estoy en paz
aceptando que estoy sin madre

el perdón fluye donde la honestidad y la verdad pueden vivir
si no pueden
        el perdón llega a ser nada
                sino un mecanismo engañoso
                        para negar la realidad
                                ocultar la verdad
y la vida es forzada en una mentira

la tierra del perdón

en la tierra del perdón cada niño es considerado
como una bendición de la divinidad a quien debemos tratar
con reverencia y con el más profundo respeto
y perdón incondicional
como si el niño Jesús hubiera entrado en nuestras vidas
y sus padres creyeran que él era el hijo de Dios

en la tierra del perdón cada niño es considerado
como un ángel del universo de amor
que ha venido a visitarnos para que podamos llegar a ser
tan amorosos y misericordiosos como nos sea posible

en la tierra del perdón cada niño es considerado
como un don precioso de la vida, como la orquídea más preciada
que tan sólo puede crecer y florecer con el máximo cuidado
de amor devoto e incondicional

en la tierra del perdón cada niño lleva dentro la esencia santa
de la vida —los padres y la sociedad tienen la misión—
de realizarla y dejarla brillar
para desarrollar la creatividad, la originalidad, la divinidad
entrañada en esta preciosa esencia
que nunca puede ser atacada o herida

en la tierra del perdón cada niño es considerado
como un mensajero sagrado de lo divino
a quien nadie debe hablarle ni maltratarlo de manera dura o cruel
nunca debe ser torturado con actos inhumanos o violencia brutal
que jamás debe ser
ridiculizado, despreciado, humillado, degradado
porque se lastimaría la esencia divina en su interior
ocasionando que se retire —y se aleje—

26
caminando juntas en la vida

mis sentimientos son como un universo

escrito en 1988

mis sentimientos son como el universo
un mundo
ancho, con vida, infinito
en mi interior

llenan todo mi cuerpo de pies a cabeza
por todas partes
hasta llegar a la punta de mis dedos

me hacen sentir que estoy viva
me hacen sentir que existo

mis sentimientos convierten mi interior en un espacio encantado
en una catedral esplendorosa de vitalidad
abrazando y atesorando la vida

a través de mis sentimientos y pensamientos
experimento la vida en mi interior
ellos me crean
a mí
a Bárbara
mi originalidad

cuando siento —soy Yo misma—

hasta ahora sólo conocí la sonrisa medicada de una máscara
para satisfacer expectativas agradablemente
mientras el miedo, la culpa y confusión
reinaban en su mundo interno

pero ahora
los sentimientos y los pensamientos se convierten
en deseos y sueños
aun las metas
quiero hacerlos realidad

la niña —viniendo hacia mis brazos—

una vez más —por última vez—
he dejado que la emperatriz se sobreponga a su niña
amenazante envía maldiciones contra su niña
mientras trata de destruir la verdad
y la confianza en sí misma de la niña

en el campo de batalla de la venganza he encontrado a la niña
a través de terapia, paciencia, perseverancia y mi amor

he venido a rescatarla

la tomo en mis brazos y la llevo hacia la seguridad y la libertad
lejos del campo de batalla
y del viejo orden que no es mío
ahora reconozco claramente el campo de batalla
por su destructividad

después de una larga lucha
donde el campo de batalla la atrapó, la envolvió
una y otra vez
        —diciéndole lo mala que era
                si no seguía esas viejas reglas y creencias—
ahora es capaz de confiar en mí
y venir conmigo a una nueva vida

la niña y yo dejamos atrás valores y personas
que nos han causado dolor y sufrimiento a nosotras y a otros

al entrar en la libertad de la autenticidad y la expresión propia
dejo atrás la abnegación
y la guerra contra el verdadero Ser

construyo una vida donde
　　la integridad
　　la búsqueda de la verdad
　　y el rompimiento de silencios
son abrazados como valores

incapaz de comprender todavía
que ella está
a salvo
libre y
perdonada
—dejando verdaderamente ese lugar oscuro y destructivo—

la niña llora
apenas puede creer
que se ha terminado su suplicio
que su dolor y sus sufrimientos son reconocidos
que sus lágrimas pueden fluir

me abraza y la sostengo en mis brazos mientras la llevo lejos
hacia otras personas
y hacia una jornada de vida diferente que hacemos juntas

caminando juntas por la vida

asustada y aterrorizada
la niña en mis brazos
la consuelo —la sostengo— la hago sentir a salvo

detrás de ella
generaciones aterrorizadas de madres y padres gritan
no te vayas
no confíes en ti misma
nunca confíes en tu verdadero Ser

pero me atrevo a dar un paso hacia lo desconocido
ahora estoy sosteniendo la mano de la niña
ella desea caminar a mi lado

todavía llena de miedos
—escuchando aquellas voces—
da sus primeros pasos con timidez en la vida

le hablo con gentileza y la animo a que confíe en mí
a confiar en que voy a cuidarla
        que estaremos bien
        que la vida no es como las pesadillas de su pasado
a confiar que ya no necesitamos más
        una cuerda de salvamento
                aferrándonos y manteniéndonos atadas a otros
                        que nos dicen cómo deberíamos ser
                                qué hacer y qué creer
                        que quieren juzgar y definirnos

con calidez y amor la apoyo para tomar sus primeros pasos
estos son pasos revolucionarios
—lejos— del campo de batalla destructivo y violento
—fuera— del horror insoportable

—fuera— del calabozo lleno de temor y terror inimaginables
de lo que había parecido un territorio familiar
hasta ahora
más seguro que el mundo externo
que la realidad y la vida
más segura —que la verdad—
que confiar en mi verdadero Ser

estoy sosteniendo su mano —ella sostiene mi mano—

está comenzando a confiar en mí
y a caminar conmigo

las lágrimas están brotando de nuestros ojos
ruedan por nuestras mejillas
lágrimas de pena
a lamentar el pasado
lágrimas de alegría
dándole la bienvenida a la vida
lloramos y reímos juntas
llenas de temor y júbilo

celebramos juntas este momento increíble
nos maravillamos ante cómo llegó a suceder
cómo fue posible
que nos encontremos y podemos estar juntas

que hayamos podido escapar del calabozo y ser libres
caminar juntas, mano a mano, hacia la vida

¡Gracias!

Este libro está basado en el apoyo de seres humanos maravillosos: Agradezco a mis terapeutas Allen Siegel, Gina Demos, Richard Schwartz y Melody Allen, quienes me ayudaron a enfrentar mi pasado.

Agradezco a Alice Miller, cuyos valientes libros me inspiraron a romper el poder de mi pasado y a reclamar mi vida.

Me siento agradecida por amistades preciosas: Heide, Lucy, Alice, Ortrun, Dieter, Jerry, Eva y Eva, Stephanie, Marina, Jutta, Reni, Guilly, Marlys, MaryCarmen, mi prima Regina y mi traductora Adriana.

Estoy agradecida por el apoyo y la gran ayuda de mis editores Amy, Sareda, Earl, MaryCarmen y Montserrat Miniño y por la del grupo de escritores en San Miguel con Marge, Sareda, Gabriella, Helen, Dorothy y Ken.

Agradezco a Silvia, quien me brindó el regalo del tiempo para escribir y del tiempo para mí misma.

Estoy agradecida con mi hermano menor Andreas, cuyo apoyo crea un refugio milagroso para la "hija perdida."

Estoy agradecida por el amor de mis hijos Max y Sebastián y de mi nuera Ute. Me han otorgado su apoyo generoso en mi sendero de vida más bien poco común.

Estoy agradecida con mis nietas Hannah y Marlene, por toda la dicha que han traído a mi vida.

Estoy agradecida con mis hijastros Sarah, Rose y David y con mi adorado nieto Preston, por el amor que hemos compartido.

Agradezco a Earl, cuyo amor me devolvió la vida. Su apoyo me ayudó a realizar mi jornada y este libro.

photo de Earl Rogers

Bárbara Rogers nació en Alemania en 1950. Vive en México. Ella participa activamente como maestra de piano, músico de cámara, escritora, fotógrafa y pintora. Su ensayo “Enfrentando un Muro de Silencio” es publicado en el libro *Second Generation Voices,* (Voces de la Segunda Generación) editado por Naomi y Alan Berger, publicado en 2001 por Syracuse University Press.

Made in the USA
Monee, IL
04 November 2026

67381199R00193